MEDITACIÓN

Aprenda A Meditar Usando La Atención Plena

(Utiliza esta guía para mejorar tu sueño con tu práctica)

Utka Cruz

Publicado Por Daniel Heath

© **Utka Cruz**

Todos los derechos reservados

Meditación: Aprenda A Meditar Usando La Atención Plena
(Utiliza esta guía para mejorar tu sueño con tu práctica)

ISBN 978-1-989808-48-1

Este documento está orientado a proporcionar información exacta y confiable con respecto al tema y asunto que trata. La publicación se vende con la idea de que el editor no esté obligado a prestar contabilidad, permitida oficialmente, u otros servicios cualificados. Si se necesita asesoramiento, legal o profesional, debería solicitar a una persona con experiencia en la profesión.

Desde una Declaración de Principios aceptada y aprobada tanto por un comité de la American Bar Association (el Colegio de Abogados de Estados Unidos) como por un comité de editores y asociaciones.

No se permite la reproducción, duplicado o transmisión de cualquier parte de este documento en cualquier medio electrónico o formato impreso. Se prohíbe de forma estricta la grabación de esta publicación así como tampoco se permite cualquier almacenamiento de este documento sin permiso escrito del editor. Todos los derechos reservados.

Se establece que la información que contiene este documento es veraz y coherente, ya que cualquier responsabilidad, en términos de falta de atención o de otro tipo, por el uso o abuso de cualquier política, proceso o dirección contenida en este documento será responsabilidad exclusiva y absoluta del lector receptor. Bajo ninguna circunstancia se hará responsable o culpable de forma legal al editor por cualquier reparación, daños o pérdida monetaria debido a la información aquí contenida, ya sea de forma directa o indirectamente.

Los respectivos autores son propietarios de todos los derechos de autor que no están en posesión del editor.

La información aquí contenida se ofrece únicamente con fines informativos y, como tal, es universal. La presentación de la información se realiza sin contrato ni ningún tipo de garantía.

Las marcas registradas utilizadas son sin ningún tipo de consentimiento y la publicación de la marca registrada es sin el permiso o respaldo del propietario de esta. Todas las marcas registradas y demás marcas incluidas en este libro son solo para fines de aclaración y son propiedad de los mismos propietarios, no están afiliadas a este documento.

TABLA DE CONTENIDO

Parte 1 1

Introducción 2

¿Qué Es La Meditación Y Cómo Practicarla? 5

Preparándose Para Meditar: Tu Estado Físico Y La Meditación 10

Cuándo Meditar. 11

Reducción De La Perturbación / Interrupción 14

Tu Postura Y Meditación 17

Tu Estado De Ánimo Y Meditación 23

Las Actitudes De La Sublimidad 24

Buena Voluntad 26

Ecuanimidad 26

Centrándose En Su Respiración 30

Técnicas Para La Meditación Diaria. 35

Su Enfoque Interno 37

Tus Actividades 42

Su Entorno 44

Otras Posturas Para La Meditación 45

Meditación De Caminar 45

Meditación De Pie 48

Meditación Mientras Se Está Acostado 50

Conclusión 53

Parte 2 54

- Introducción 55
- Capítulo 1 57
- ¿Qué Es La Meditación? 57
- ¿Por Qué Debes Meditar? 59
- La Historia De La Meditación 62
- ¿Quién Debería Usar La Meditación? 65
- Capítulo 2 74
- Beneficios De La Meditación 74
- Capítulo 3 94
- Efectos De La Meditación En El Cuerpo. 94
- Capítulo 4 112
- Espiritualidad Y Meditación 112
- Capítulo 5 118
- Por Qué Las Personas Dejan De Meditar Y Cómo Convertirlo En Un Hábito 118
- Capítulo 6 144
- Tipos De Técnicas De Meditación 144
- Capítulo 7 162
- Cómo Configurar Un Entorno De Meditación 162
- Capítulo 8 181
- Ejercicios De Meditación, Paso A Paso. 181
- Capítulo 9 197
- Precauciones Y Consejos De Meditación 197
- Capítulo 10 207
- Más Que La Meditación 207

Parte 1

Introducción

Quiero agradecerte y felicitarte por descargar el libro.

La meditación es un proceso de entrenamiento de sus pensamientos para permanecer en el estado actual. Esto se debe a que la verdadera paz se encuentra en el estado actual en oposición a los estados futuros y pasados, lo que le impide sentir la paz que se supone es: el estado actual. Cuando piensas en el futuro, es decir, lo que podría, puede o que inevitablemente sucederá, puede llevar al miedo y / o ansiedad. Cuando piensas en el pasado, es decir, lo que sucedió o pudo haber ocurrido, puede llevar a la depresión, la ira, la tristeza o los celos. Por lo tanto, cuando la meditación es continua, entrenas tu mente para permanecer en tu estado actual y te enfocas en ello completamente sin pensar en el futuro o el pasado. En consecuencia, estás libre de emociones no deseadas o insatisfactorias, las cuales acompañan tus pensamientos.

Mayormente, la meditación se aprende y se usa para mejorar la vida en general de cualquier persona. El objetivo principal de comenzar una práctica de meditación es enfocar la mente lejos del caos y el estrés de la vida cotidiana, incluidas las obligaciones familiares, los problemas relacionados con el trabajo, finanzas o incluso de cosas simples como hacer las tareas domésticas. Básicamente, la meditación sirve como un método para encontrar la paz, la felicidad y el éxito en la salud y otros aspectos de la vida.

Este libro describe las técnicas de meditación, las cuales están destinadas para el uso diario y, fundamentalmente, a tener un estilo de vida feliz y saludable. Trata de las técnicas del conjunto de instrucciones del Buda, específicamente sobre cómo utilizar la respiración para condicionar y entrenar la mente. De acuerdo con el Canon Pali, que es el registro más antiguo de las enseñanzas de Buda, la respiración es significativo para los asuntos de meditación relajante para la mente y el cuerpo, el desarrollo de una máxima atención, el discernimiento y la concentración, y el camino al despertar. Por suerte, no es necesario ser budista para practicar o utilizar estas técnicas.

Este libro también analiza las técnicas de meditación para equilibrar el estado de satisfacción y el sentirse bien con uno mismo que se tiene en la actualidad. A su vez, la mente estará disponible a obtener y producir información equilibrada para determinar los factores que causan estrés y sufrimiento y, finalmente, dejar de lado esos factores.

Hay solo un enfoque fundamental para cada técnica: entender todas las acciones como parte de una cadena de causas y efectos, manejando dichas causas de una manera más afirmativa o de un modo más optimista. Además, las técnicas en este libro le permiten reflexionar sobre sus pensamientos, palabras o hechos mientras los estás haciendo. Finalmente, el propósito de este libro es exponer la práctica de la meditación, así como sus conceptos y técnicas, de una manera sencilla de tal modo que los lectores puedan entender y poner en práctica todo lo escrito fácilmente.

Gracias de nuevo por descargar este libro, ¡espero que lo disfruten!

¿Qué es la meditación y cómo practicarla?

La meditación es un método que entrena la mente para desarrollar lasfuerzas y habilidades necesarias para resolver tus problemas. Aun cuando, hay una serie de problemas asociados con la mente, también existen varios tipos de meditación que pueden resolver tales problemas de la misma manera que existen varios remedios para diferentes enfermedades del cuerpo.

En este libro, las técnicas de meditación están todas enfocadas en resolver el problema más básico de la mente, que es el estrés y el sufrimiento que nos inflige a través de pensamientos y acciones. Por ejemplo, a pesar del hecho de que la mente quiere la felicidad, esto aún conlleva un dolor mental en si mismo. Se dice que este dolor surge de los esfuerzos equivocados de la mente para encontrar la felicidad. La buena noticia es que la meditación ayuda a descubrir las razones por las que la mente reacciona de este modo y ayuda a corregir dicha reacción.

A medida que la práctica de la meditación corrige los conceptos erróneos de la mente, también ayuda a abrir posibilidades para la felicidad genuina, en la que puedes confiar y mantener toda la vida. De hecho, a través de la meditación junto con tus propios esfuerzos, la felicidad genuina es posible. No tienes que contentarte con los placeres temporales o convencerte de que la felicidad temporal es todo lo que la vida puede brindarte. Además, no tienes que hacer que alguien o algo fuera de ti sea la base de tu felicidad. La meditación puede ayudarlo a entrenar su mente para obtener una felicidad genuina, la cual no le causa daño o dolor a usted ni a nadie más.

Aparte de tener un objetivo positivo, la práctica de la meditación también utiliza técnicas o métodos altamente desarrollados para alcanzar dicho objetivo.

Estas técnicas involucran cualidades mentales y actividades que usted puede desarrollar, tales como atención plena, honestidad, discernimiento, compasión e integridad.

La felicidad genuina no requiere tomar nada de nadie más, ya que solo puede provenir desde nuestro interior. Tu felicidad no debe obstaculizar la felicidad de otros humanos. En consecuencia, cuando seas feliz por dentro, tendrás más para compartir con otras personas. Esta es precisamente la razón por la que la práctica de la meditación se considera un acto de bondad no solo para con uno mismo, sino también para los demás.

A través de la meditación, puedes resolver tus problemas asociados con el estrés y el sufrimiento. En efecto, usted será la persona que más se beneficiará. Sin embargo, lidiar con su propio estrés y sufrimiento también puede beneficiar a las personas que lo rodean. Esto se debe a que cuando está estresado o sufre de varios problemas o enfermedades, tiende a debilitarse. Por otro lado, no solo te impones una carga a ti mismo, sino también a quienes te rodean, como tu familia, compañeros de trabajo o amigos. También colocas la carga de tu estrés y sufrimiento a los demás al depender de ellos para tu apoyo; dañándolos o lastimándolos con las cosas que podrías decir o hacer debido al miedo o la debilidad; o no poder ayudarlos con sus problemas ya que tus manos están llenas de tus propios problemas.

A la inversa, cuando tu mente aprende a dejar de infligirse estrés y sufrimiento, se convierte en una carga menor para los demás. Además, se vuelve más adecuado para brindarles ayuda o apoyo con sus propios problemas. Como tal, a través de la práctica de la meditación, aprendes a respetar todo lo que hay dentro de ti que vale la pena respetar. También descubres o desarrollas tu habilidad para encontrar la felicidad genuina a través de tus esfuerzos.

Es posible que se requiera mucho entrenamiento, habilidad y dedicación para poder terminar con el estrés y el sufrimiento autoinfligido de su mente. Sin embargo, las técnicas de meditación en este libro pueden ayudarlo sin importar si está dispuesto a seguirlas a través de su despertar total. Estas técnicas también pueden ayudar a las personas a controlar su dolor o encontrar más paz y estabilidad en sus vidas.

La práctica de la meditación no solo entrena la mente, sino que también la fortalece para abordar los problemas diarios mediante el desarrollo de las cualidades de atención plena, concentración, discernimiento y estado de alerta, que son beneficiosos en diversas actividades en el hogar, la escuela, el trabajo o donde tu puedas estar. Además, estas cualidades también son instrumentales para abordar algunos de los problemas más difíciles de la vida, como el trauma, la adicción, la enfermedad, la decepción, el envejecimiento e incluso la muerte. Cuando su mente desarrolla las cualidades mencionadas a través de la práctica de la meditación, puede ser más fácil lidiar con problemas más difíciles. Aparte de la mente, su cuerpo como un todo también puede beneficiarse de la práctica de la meditación.

Si, por ejemplo, crees que no estás dispuesto a realizar el viaje hacia la libertad total del estrés y el sufrimiento, la meditación todavía puede ayudarte a enfrentar tus problemas de una manera más hábil. La meditación puede ayudarte a causar menos daño no solo a ti mismo, sino también a quienes te rodean. Por otro lado, si decides seguir con la práctica de la meditación, descubrirás los innumerables beneficios que puedes obtener.

Preparándose para meditar: tu estado físico y la meditación

Aunque esta sección trata de prepararse antes de una sesión, es una parte importante de cualquier técnica de meditación. La meditación es una práctica que puedes hacer en cualquier momento, en cualquier lugar y en cualquier postura. Por otro lado, hay algunas situaciones que son más ideales, en comparación con otras, en términos de ayudar a la mente a calmarse o sosegarse. Si eres nuevo en la meditación, es recomendable buscar situaciones en las que haya menos perturbaciones físicas y mentales.

También debe tener en cuenta que hay algunas posturas, que son más propicias que otras. En general, la postura primaria para la meditación es sentarse; sin embargo, es aconsejable aprender a meditar mientras está sentado de tal manera que pueda permanecer en la posición durante largos períodos de tiempo sin causar ningún movimiento o dolor en su cuerpo. Pararse, caminar y acostarse son otras posturas que se usan para meditar.

Cuándo meditar.

Siempre es importante elegir un momento ideal para meditar. Es preferible meditar justo después de que te hayas despertado por la mañana y te hayas lavado la cara. Esto se debe a que su mente aún no está llena de problemas o problemas del día y tu cuerpo está bien descansado. También puede meditar en la noche después de descansar de tus tareas diarias o tu trabajo. Podría pensar que es mejor meditar justo antes de dormir que después de descansar del trabajo. Sin embargo, si haces esto, estás inclinado a asociar la meditación con el sueño. Podría decirse que una vez que haya terminado de meditar, se irá a la cama. Es como si tuvieras que apresurarte a meditar para que ya puedas irte a la cama. Será más difícil para usted concentrarse o enfocar su mente, ya que está inclinado a buscar su cama o almohada una vez que cierra los ojos durante la meditación.

Por otro lado, si tiene problemas para dormir, es recomendable meditar cuando ya está acostado en la cama. Esto se debe a que la meditación puede ser un sustituto eficaz para el sueño. De hecho, algunas personas que han probado la meditación atestiguan que puede ser más refrescante y rejuvenecedor que el sueño. La meditación puede hacer que las tensiones mentales y físicas se desvanezcan o disminuyan lo cual es mejor que dormir. Sin embargo, necesita encontrar otro momento del día para meditar, aparte de hacerlo cuando ya está acostado en la cama. Es mejor tratar la meditación como un ejercicio para mantenerse alerta también.

Probablemente el peor momento para meditar es justo después de consumir una comida abundante. Esto se debe a que tu sangre se dirigirá a tu sistema digestivo, lo que podría causarte sueño o somnolencia.

Dónde meditar. Escoger el área donde meditar es tan importante como el momento en que lo va a hacer. Necesita encontrar un área en su hogar o en el exterior que esté tranquila y libre de cualquier cosa que pueda interrumpirlo. Si está realizando una rutina diaria de meditación, es recomendable elegir un área a la que normalmente no va; una que raramente se usa o noutilizada en absoluto para otros fines. Considera un lugar en el que no puedes pensar nada, sino en meditar. Tiene que estar en un lugar que sea exclusivamente para fines de meditación solamente. De esta manera, podrá desarrollar asociaciones silenciosas con esa área cada vez que vaya a sentarse y meditar. Por lo tanto, se convertirá en un área especial donde puede estar tranquilo y simplemente estar quieto. El proceso de calma se volverá aún más fácil si también mantiene el área alrededor limpia.

Reducción de la perturbación / interrupción

Si no puede recibir ayuda y tiene que meditar cuando otras personas están dentro de su hogar o en el área que ha elegido, infórmeles que no desea que lo molesten ni lo interrumpan mientras está meditando a menos que haya una emergencia. Si estás con hijos y eres el único adulto en el que pueden confiar, elige un momento en el que estén dormidos. Sin embargo, si los niños tienen la edad suficiente, dígales que necesita meditar y que necesita privacidad dentro de un cierto tiempo. Dado que estos son niños, es inevitable no ser molestado, específicamente con problemas que no sean de emergencia. Cuando esto suceda, cuénteles lo más calmadamente que pueda que todavía está meditando y, una vez que haya terminado, atenderá todo lo que necesiten de usted. En el caso de que quieran meditar contigo, dales la bienvenida; sin embargo, asegúrese de establecer sus reglas, especialmente con su comportamiento para que no molesten su tiempo de silencio. Aparte de las personas que potencialmente pueden perturbar o interrumpir su meditación, asegúrese de apagar su teléfono celular o cualquier otro dispositivo.

Si necesita algo que le avise, use un reloj o cronómetro que no marque cada segundo. Si está empezando, ponga su reloj en veinte minutos. Esto le proporcionará tiempo suficiente para establecerse. Evite tomar demasiado tiempo cuando recién comienza, ya que puede frustrarse o aburrirse si no hace las cosas correctamente. Sin embargo, puede aumentar su tiempo para la meditación gradualmente de 5 a 10 minutos a medida que desarrolla sus habilidades de meditación.

Tan pronto como haya establecido su tiempo, asegúrese de colocarlo en un lugar donde no pueda verlo o escucharlo durante la meditación. Esto se debe a que podría estar inclinado a echar un vistazo a la hora o acelerar su meditación si su reloj está justo a su lado o en un área donde pueda verlo.

Si tiene mascotas en la casa, específicamente un perro u otros animales que posiblemente puedan hacer un ruido o ingresar al área elegida, tenga cuidado de asegurarlos en otro lugar antes de meditar. Aunque es muy posible que, digamos, su perro o gato comience a gimotear y arañar la pared o la puerta, deje que entre en el lugar elegido. Sin embargo, asegúrese de poner un límite a sus reacciones para que sus mascotas reciban el mensaje de que cada vez que se encuentre en esa área, es que necesita estar tranquilo. En pocos días, su mascota recibirá el mensaje e incluso podría quedarse en la habitación sentado o acostado con usted. Por otro lado, si su mascota no recibe el mensaje, póngalo en algún otro lugar donde no escuche sus quejas o arañazos.

Tu postura y meditación

Una de las partes más importantes del entrenamiento de tu mente depende de cómo entrenas a tu cuerpo para que se mantenga quieto con el fin de concentrarse en los movimientos de su mente sin ser molestado por ningún movimiento físico. Esto es específicamente cierto si no puede quedarse quieto por largos períodos. Necesitas entrenar tu cuerpo como entrenas tu mente.

Si usted es un principiante, las primeras sesiones no requieren demasiada atención en su postura. Solo tienes que priorizar el entrenamiento de tu mente primero. Como tal, solo necesita sentarse cómodamente, pensar en los pensamientos de buena voluntad y verdadera felicidad no solo para usted, sino también para los demás. En el caso de que se sienta incómodo con su postura, puede cambiar ligeramente para aliviar el malestar; sin embargo, mantenga su atención en la respiración o en su respiración a medida que se desplaza. Cuando esté listo para concentrarse tanto

en la respiración como en la postura, puede probar las siguientes técnicas:
Siéntese en el suelo Esta es una postura de meditación estándar que reemplaza su sentido del cuerpo con una sensación de espacio o de conocimiento puro. Una postura preferible es sentarse en el suelo con las piernas cruzadas. Puede colocar una manta doblada debajo de sus huesos y / o debajo de las piernas dobladas. Esta postura de meditación es estable y se puede utilizar en cualquier lugar. Una vez que te sientas en el piso, no debes tener la tendencia a caerte sin importar si eres un principiante o si ya estás en los niveles avanzados de meditación. Cuando ya estás acostumbrado a esta postura, puedes ir a cualquier lugar que prefieras meditar. No es necesario que traiga muchos cojines ni ningún otro material.
Puedes completar esta técnica de meditación haciendo esto:
Siéntese en el suelo con la manta doblada debajo de la pierna doblada. Asegúrese de que su pierna izquierda esté doblada frente a usted mientras que su pierna

derecha está doblada en la parte superior de su pierna izquierda. Tus manos deben estar en tu regazo con la mano derecha sobre la izquierda, ambas palmas hacia arriba. Para evitar un desequilibrio en su columna vertebral, cambie las posiciones de sus piernas y manos, alternando las que están sobre las que están debajo de ellas.
Luego, coloca tus manos cerca de tu estómago. Esto ayudaría a mantener la espalda recta y evitar la tendencia de irse hacia adelante. Entonces, siéntate derecho mientras miras delante de ti. Cierra tus ojos. Si tiene problemas para mantener los ojos cerrados o si lo obliga a dormir, puede dejarlos medio abiertos y bajar la vista a un lugar de unos tres a cuatro pies frente a usted. Cuando mires a los ojos, asegúrate de mantenerlos suaves en lugar de mirarlos fijamente.
Tome nota si su cuerpo se inclina hacia la derecha o hacia la izquierda. Si lo hace, relaja los músculos que te están inclinando hacia esa dirección. Vuelva a colocar su columna vertebral en una alineación recta que le resulte cómoda.

Luego, levante ligeramente los hombros hacia atrás y luego hacia abajo, creando un arco leve en la parte media y baja de la espalda. Para evitar poner todo el peso en los músculos de la espalda, tire de su estómago un poco y relájese en esta posición. El objetivo de esta postura es discernir cuántos músculos puedes relajar en tu cuerpo y aún mantenerte erguido. Este es un paso importante en esta técnica, ya que le ayuda a permanecer en la postura con una tensión mínima.

Esta posición se denomina postura de medio loto, dado que una pierna está encima de la otra. Por otro lado, si ya dominas esta postura, puedes probar la posición de loto completo en la que tu pierna derecha está en la parte superior de tu izquierda, colocando tu pierna izquierda en la parte superior de la derecha. Aunque esta es una posición muy estable, primero debe ser competente en la postura de medio loto.

Al comienzo de la postura de medio loto, es posible que las piernas se adormezcan o parezcan dormidas. Esto se debe a que la sangre que fluye en las arterias principales se empuja hacia los capilares pequeños. Puede que te sientas incómodo al principio, sin embargo, esta postura no daña tu cuerpo ya que puede adaptarse a ella. Una vez que los pequeños capilares transportan una cantidad adicional de sangre con frecuencia, se agrandarán, mientras que su sistema circulatorio será redirigido para acomodar una nueva postura.

Si desea acostumbrarse a todas las posturas de meditación, necesita cambios en una a la vez. Permítase acostumbrarse a una postura gradualmente antes de cambiar a otra. En esta postura, no es aconsejable sentarse durante horas si usted es solo un principiante, ya que puede dañar sus rodillas.

En el caso de que no pueda hacer el medio loto, puede probar una posición más suave conocida como la posición de sastre. En esta posición, todavía se sentará con las piernas cruzadas. Dobla tus piernas, poniendo la derecha en el piso. Asegúrese de que esté frente a su pierna izquierda, formando un ángulo más suave. Su pierna izquierda no debe ser presionada hacia abajo por la pierna derecha para aliviar algo de la tensión o la presión en ambas piernas.

Sillas / Bancos Al igual que sentarse en el suelo, esta postura también reemplaza su sentido del cuerpo con una sensación de espacio o de puro conocimiento. Sin embargo, esta postura es aconsejable si tiene una lesión en la cadera o la rodilla, lo que puede dificultar el sentarse con las piernas cruzadas. Alternativamente, puede sentarse en una silla o banco y hacer lo siguiente:

Arrodíllate, asegurándote de que tus espinillas estén en el suelo. Coloque la silla o el banco sobre sus pantorrillas y recuéstese en la silla. Sillas de meditación y bancos varían en diseños. Algunos pueden moverte de un lado a otro, permitiéndote elegir el ángulo que prefieras o cambiarlo a voluntad. Otras te obligan a sentarte en un ángulo específico.

En el caso de que ninguna de las tres alternativas, como sentarse en el suelo, sentarse en el suelo con un espacio en blanco o cojines, o sentarse en una silla de meditación, te acomoden, puede comprar otros estilos de cojines de meditación, que generalmente están disponibles en tiendas de equipamiento de Yoga. Sin embargo, puede ser un desperdicio de dinero comprarlos, dado que una almohada firme o una manta doblada adicional servirán. Además, si te tomas en serio la práctica de la meditación, debes aprender a improvisar con los materiales que tienes.

Tu estado de ánimo y meditación

En este punto, tu cuerpo ya debería estar en posición. Por lo tanto, debe tomar un par de respiraciones profundas mientras toma nota de su estado mental. Observe si su mente se queda con la respiración o se aleja mientras inhala y exhala. Si encuentras que algunas partes de tu mente son menos cooperativas, contrarréstalas. El punto es que no permites que un estado de ánimo dicte si vas a meditar o no.

Además, es mejor tener una mala sesión de meditación en lugar de no tener ninguna. Lo que es importante es que aprendas a rechazar las partes no cooperativas de la mente hasta cierto punto. Además, cuando aprendes a rechazarlos, también llegas a entenderlos. Es comparable a crear un puente sobre un río. No sabrías cuán fuertes son las corrientes del río a menos que construyas el puente.

Si algunas partes de su mente no son cooperativas, existen algunas reflexiones estándar para socavarlas. Estas reflexiones son una parte importante de las técnicas de meditación a medida que pasan por los cuentos habituales de la mente. Estas reflexiones también crean nuevos miembros del comité de su mente con nuevas historias, que ayudarán a poner las cosas en perspectiva. Por lo tanto, tu mente estará más decidida a permanecer con la respiración.

Las actitudes de la sublimidad

Una de las reflexiones más importantes es desarrollar las actitudes de sublimidad sin límite. Estos incluyen la buena voluntad, la alegría empática, la compasión y la ecuanimidad para todos los seres, a los que se hace referencia como brahmaviharas o actitudes sublimes. Dado que son muy útiles, la mayoría de las personas comienzan a desarrollarlas durante varios minutos al comienzo de cada sesión de meditación, ya sea que haya o no conciencia de la necesidad de ellas.

Desarrollar actitudes sublimes es parte de una técnica de meditación que se utiliza para enterrar resentimientos de resentimientos diarios o conflictos con otras personas. También se usa para recordar a las personas las razones por las que están meditando; es decir, buscar una felicidad genuina que sea segura e inofensiva para ellos y quienes los rodean.

Como se mencionó anteriormente, la meditación es una de las formas más efectivas de encontrar la felicidad, que no perjudica a nadie. Al meditar, también creas una nueva historia para tu vida. Por ejemplo, si eres devorado por los resentimientos, la meditación te permite desarrollar un corazón generoso y demostrarte que puedes ir más allá de las circunstancias difíciles.

Aunque hay cuatro actitudes sublimes, pueden estar contenidas en dos, que son buena voluntad y ecuanimidad.

Buena voluntad

Esta actitud sublime es un deseo de felicidad genuina, no solo para ti, sino también para los demás. La compasión es igualmente una actitud que se desarrolla a través de la buena voluntad al ver que otras personas se ven afectadas por circunstancias que resultan en sufrimiento. Cuando tienes buena voluntad y compasión, deseas que el sufrimiento se detenga. La buena voluntad también desarrolla una alegría empática al ver que las personas se ven afectadas por circunstancias que resultan en felicidad. Tú deseas que la felicidad de otras personas continúe.

Ecuanimidad

Esta actitud sublime es lo que necesita desarrollar a medida que discierne que ciertas cosas no están bajo su control. Si te dejas afectar demasiado con cosas que están fuera de tu control, desperdicias la energía que supuestamente es para áreas en las que puedes tener un efecto.

En la siguiente sección, aprenderá la técnica de meditación para desarrollar la buena voluntad y la ecuanimidad:

Antes de realizar esta técnica, debe recordar el concepto de buena voluntad; Es decir, un deseo o deseo de felicidad genuina. Al difundir los pensamientos de buena voluntad, está deseando o deseando que usted y los demás desarrollen las causas de la felicidad genuina. Al mismo tiempo, está comprobando la intención de seguir desarrollando o mejorando la felicidad genuina de cualquier manera que pueda a través de sus pensamientos e interacción con los demás. Dado que no todas las personas estarán de acuerdo con su deseo o deseo, es importante desarrollar pensamientos de ecuanimidad para abordar los casos en que las personas se resisten a pensar o actuar por el bien de la felicidad genuina. Por lo tanto, se le evitará que sufra demasiado cuando los demás no cooperan y puede permanecer concentrado en las circunstancias en que puede ser útil.

Para comenzar la técnica de meditación para la buena voluntad, establezca en su mente una expresión común de buena voluntad como, "Puedo estar libre de dolor y estrés". Puedo ser feliz. Puedo liberarme de la hostilidad, la opresión y los problemas. Puedo cuidarme con facilidad". Posteriormente, transmita los mismos pensamientos a los demás, no solo a los que están cerca de su corazón. Pero también a aquellos que no te gustan o ni siquiera sabes. También puede extender sus pensamientos de buena voluntad a todos los demás seres vivos. Dígase a sí mismo: "Puedo estar libre de dolor y estrés. Puedoser feliz. Puedo estar libre de hostilidad, opresión y problemas. Puedo cuidarme con facilidad ". Mientras piensas en este deseo, imagínalo extendiéndose en toda dirección.

Esto ayuda a ampliar el alcance de tu mente.

Para concluir la técnica de meditación, desarrolla una actitud de ecuanimidad. Tenga en cuenta que todos los seres tendrán su propio tipo de felicidad o tristeza de acuerdo con sus acciones. Más a menudo que no, sus acciones están más allá de su control. Además, tus acciones pasadas ya no pueden ser borradas.

Si sus acciones pasadas obstaculizan su deseo de felicidad para los demás, debe animarse a aceptar los hechos con ecuanimidad. Concéntrese en las áreas en las que puede ser útil o hacer una diferencia a través de lo que puede hacer ahora. Por lo tanto, la técnica de meditación general para la ecuanimidad se centra en el tema de la acción. Esto significa que todos los seres vivos son responsables de sus acciones. Nacen de sus acciones tanto como son herederos de sus acciones. Todos los seres vivos están asociados entre sí a través de sus acciones y que coexisten en sus acciones. Por lo tanto, ya sea que hagan bien o mal, serán herederos de sus acciones.

Cuando pienses de esta manera, no serás

presionado a cambiar lo que no puedes cambiar y solo dedicar tu energía y buena voluntad a aquellos que puedas.

Centrándose en su respiración

Después de prestar atención a su estado mental, ahora está listo para concentrarse en su respiración. Esta es otra técnica de meditación para hacer que tu vida sea feliz y saludable. Hay seis pasos fundamentales que puede hacer para prestar atención a su respiración.

Primero, encuentra una forma de respirar con la que puedas sentirte más cómodo. Comience este paso respirando profundamente, dentro y fuera un par de veces. Esto ayuda a energizar su cuerpo para la meditación, así como a hacer que su respiración sea más fácil de observar. También es un buen hábito respirar profundamente al inicio de la sesión de meditación, ya que puede ayudar a contrarrestar las inclinaciones para suprimir la respiración mientras trata de mantener la mente concentrada.

Las sensaciones de respiración en el cuerpo le dicen cuando está inhalando o exhalando. Tome nota si su cuerpo está cómodo mientras inhala y exhala. Cuando te sientas cómodo, permanece con tal manera de respirar. De lo contrario, ajusta tu respiración si te sientes incómodo.

Segundo, enfóquese y quédese con cada inhalación y exhalación. En el caso de que su enfoque se mueva, puede volver a enfocar fácilmente tomando nota de su respiración. Mientras no pueda enfocar adecuadamente, devuélvalo a su respiración. Puede ser desalentador perder el enfoque a menudo; sin embargo, una buena motivación es recompensarse con un aliento especialmente satisfactorio cada vez que regrese. Esto lleva a tu mente a desarrollar asociaciones positivas con tu respiración. Cuando su respiración y mente se conecten, le resultará mucho más fácil enfocar y reenfocar rápidamente.

Para mantenerte enfocado en tu respiración, puedes usar un término de meditación. Uno de los términos de meditación más populares para esto es Buddho, que significa despierto. Cuando piensas capullo, significa respirar y dho para exhalar. De hecho, puedes simplemente pensar en respirar y exhalar. Puedes mantener el término de meditación tan largo como tu respiración. Cuando es mucho más fácil permanecer con la respiración, puede abandonar el término de meditación para que pueda concentrarse más en su respiración.

Tercero, *expanda su conciencia a diferentes partes de su cuerpo cuando las sensaciones respiratorias obvias sean cómodas para tomar nota de las sensaciones más sutiles.* Puedes comenzar este paso, sección por sección. Asegúrese de comenzar sistemáticamente para que aborde todas las partes del cuerpo. Una vez que desarrolle una sensibilidad automática a su cuerpo, ya puede sentir las partes que necesitan la mayor atención y dirigir su enfoque allí. Sin embargo, cuando recién comienza su meditación, asegúrese de establecer una guía clara en mente.

El tiempo que dedique a cada parte o sección de su cuerpo depende de usted. En general, es posible que desee pasar unos minutos con cada sección; sin embargo, es recomendable proporcionar más tiempo para las secciones en el meridiano central de su cuerpo en lugar de las secciones ubicadas a los lados. También debe dar más tiempo a sus hombros, piernas y espalda.

En cuarto lugar, elija un área en su cuerpo para establecerse. No importa qué área o parte de su cuerpo elija, siempre que la energía de la respiración sea clara y permanezca concentrado. Algunas de las áreas más comunes incluyen la parte superior de la cabeza; la mitad de la cabeza; la mitad de la frente; el punto entre las cejas; la punta de la nariz; la parte posterior del cuello en la base del cráneo; el paladar, la base de la garganta; el ombligo o un punto justo encima de él; el esternón o la punta del esternón; y la base de la columna vertebral. Puedes experimentar con diferentes áreas de tu cuerpo una vez que hayas realizado varias sesiones de meditación.

En quinto lugar, difunda su conciencia desde el área o punto elegido para que sacie el cuerpo con cada inhalación y exhalación. Este paso puede compararse con una vela encendida en una habitación oscura. Aunque la llama de la vela solo proviene de un área, todavía llena el cuarto entero con su luz.

De la misma manera, usted quiere que su conciencia se centre en un área específica, pero de una manera extensa. A medida que exhala, su sentido de la conciencia tiende a reducirse. Como tal, recuerde con cada respiración que todo su cuerpo hace esto: "todo el cuerpo respira, todo el cuerpo exhala. Cuando alcanza la conciencia de todo el cuerpo, evita que se adormezca cuando su respiración se vuelve demasiado cómoda.

Sexto y último paso, piense en la energía de la respiración que fluye a través de todo su cuerpo con cada inhalación y exhalación. Permita que su respiración encuentre qué textura o ritmo se siente mejor. Imagina que todas las energías de la respiración se conectan y fluyen armoniosamente por todo tu cuerpo. Cuando pienses que estas energías están estrechamente conectadas, será fácil para ti concentrarte en tu respiración. A lo largo de la sesión de meditación, mantenga esa sensación de respiración de cuerpo completo.

Técnicas para la meditación diaria.

Hay dos razones principales por las que es sabio incorporar la meditación en su vida diaria. Primero, establece un impulso, que se lleva de una sesión a otra. En segundo lugar, le permite soportar las habilidades que ha desarrollado justo donde más se necesitan.
Por otro lado, algunas personas simplemente no pueden ver el significado de incorporar la meditación en su ajetreada vida cotidiana. Consideran la meditación como una tarea adicional que deben cumplir en sus horarios diarios que ya son exigentes. A la inversa, la meditación proporciona a un individuo un lugar estable para ponerse de pie con el fin de abordar o lidiar con otras

responsabilidades diarias con cierta facilidad y compostura. Muchos meditadores atestiguan que cuanto más alerta y con mayor atención presten a sus responsabilidades, mejor se desempeñan.

La práctica de la meditación en la vida diaria te hace estar más alerta y atento para hacer tu trabajo en lugar de interferir con él. Sin embargo, es un poco más complicado que la meditación caminando. Esto se debe a que la meditación en la vida diaria implica tres áreas principales de enfoque. Estos incluyen: (1) mantener su enfoque interno (2) mientras realiza sus actividades (3) en medio de las actividades que lo rodean. Lo que hace que esta técnica sea más difícil que la meditación estándar es que necesitas mantener tu enfoque interno mientras trabajas en medio de todas las prisas a tu alrededor. Los números 2 y 3 están menos bajo tu control, lo que los hace más complejos.

Alternativamente, hay varias formas de abordar las complejidades de la meditación en la vida diaria. De hecho, puede utilizar cualquier método de control sobre sus acciones y entornos para establecer mejores condiciones para su práctica de meditación.

Si realmente desea eliminar el estrés y el sufrimiento y obtener un estilo de vida feliz y saludable, debe configurar su vida lo mejor que pueda para desarrollar las habilidades que desea. En todo lo que haga, es aconsejable colocar el entrenamiento de su mente en su lista de prioridades. Cuanto más alto esté en su lista, mejor será para usted y para los demás a su alrededor.

Dado que tiene la intención de incorporar la meditación en su vida diaria, el nivel de compromiso es mucho mayor que simplemente meditar para un propósito específico. En esta sección, debe estar en un espíritu de auto-honestidad. Asegúrese de discernir qué partes de su ser interior están haciendo la selección.

Su enfoque interno

Si está involucrado en una tarea complicada, puede resultarle difícil observar su inhalación y exhalación; Sin embargo, puede mantener la calidad de la energía de la respiración en su cuerpo. Aquí es donde puedes aplicar lo que has aprendido de la meditación sentada. Hay dos habilidades que pueden ser particularmente útiles.

La primera habilidad es tratar de observar el campo de energía de tu respiración y discernir dónde están los puntos de activación. Los puntos de activación son aquellos que tienden a apretarse o tensarse más rápidamente, lo que da como resultado patrones de tensión que se extienden a otras partes del cuerpo. Algunos de los puntos de activación comunes incluyen su garganta; área en su plexo solar, justo en frente de su estómago; el área alrededor de tu corazón; o en la parte superior de sus pies o en el dorso de sus manos.

Una vez que haya discernido un punto de activación, utilícelo como el área central donde enfoca su atención durante todo el día. Necesitas mantener esta área central abierta y relajada. En el caso de que se contraiga o se tensa, deje de hacer algo por un corto tiempo y respire a través de él. Esto es como enviar una buena energía de respiración a su área central y permitir que se relaje. Cuando respira a través de él, elimina la fuerza de la tensión antes de que pase a otras partes de su cuerpo y mente.

Durante sus primeras prácticas de esta técnica de meditación, es posible que se desvíe de su área central más que quedarse con ella. Al igual que la meditación sentada, debes ser paciente pero firme. Cada vez que tome nota de que se ha desviado de su área central, vuelva a ella y suelte cualquier tensión que se haya desarrollado. A medida que avanza, puede establecer metas altas y apuntar a períodos más largos en los que se sienta relajado y concentrado.

Mientras haces esta técnica de meditación, te inclinas a luchar con algunos de tus viejos hábitos defensivos subconscientes; por lo tanto, puede tomar mucho tiempo para dominar esta habilidad. Por otro lado, con su persistencia en mantener el área central relajada, eventualmente llevará menos tensión durante todo el día. Encontrará que es mucho más liviano manejar la carga de sacar algo de su sistema. Además, también se sentirá más cómodo y estable; Por lo tanto, le resultará agradable mantener su área central.

A medida que mantienes el área central relajada, te vuelves más sensible a las pequeñas cosas que te ponen nervioso. Como tal, obtienes más información sobre cómo funciona tu mente. También obtiene un lugar donde puede establecerse a partir de sus pensamientos y simplemente los trata como miembros del comité. Por ejemplo, aprendes a determinar algo tan poco hábil cuando se permanece sobre el piso. Respira bien a través de él.

La segunda habilidad para respirar, que es útil a medida que avanza el día, es llenar su cuerpo con respiración y conciencia en momentos de dificultad, especialmente cuando se trata de una persona difícil. Imagina tu respiración como un escudo protector que te protege contra la energía de la otra persona. Piensa en tu respiración como un escudo para que la energía de nadie pueda penetrar en la tuya. Simultáneamente, imagine que las palabras y acciones de la otra persona pasan a través de usted y no hacia usted. Esto te permite sentirte seguro y menos amenazado. Más aún, le permite pensar con mayor claridad sobre cómo debe responder adecuadamente. Dado que está estableciendo un campo de fuerza positiva de energía sólida, la tendencia es tener un efecto calmante en las personas, especialmente en las difíciles. También tiende a tener un efecto estabilizador en la situación en la que se encuentra, ya sea estresante o no.

Es recomendable dominar esta habilidad cuando interactúa con personas que buscan su ayuda para sus problemas. La mayoría de las veces, las personas sienten inconscientemente que ser empático significa absorber algo del dolor de otras personas. Sin embargo, absorber su energía no les ayuda en absoluto. De hecho, no aligera su carga porque simplemente cree que Ud. lleva el peso de la otra persona. Puede ser empático y, al mismo tiempo, ver los problemas de los demás con mayor claridad si mantiene y permanece en el área central donde la energía de la respiración es buena. De esta manera, también evitas ser confundido con su dolor y el tuyo.

Es más preferible integrar estas dos habilidades de respiración en una sola habilidad. Esto quiere decir que mantienes tu enfoque en el área central, tratándolo como un modo predeterminado; sin embargo, debes aprender cómo expandir la conciencia y la respiración del área para que llene todo el cuerpo cada vez que sientas la necesidad. Al hacerlo, estará preparado para lo que sea que enfrente a lo largo del día.

Tus actividades

Cuando comience a meditar en la vida diaria, descubrirá que las perturbaciones que experimenta no provienen todas de fuentes externas. De hecho, la mayoría de los disturbios provienen de lo que piensas, dices y haces. Puedes perder el equilibrio a través de tus propias actividades. Por lo tanto, el principio de restricción es importante en la práctica de la meditación en la vida diaria.

En general, las personas deshacen el trabajo de su meditación absteniéndose de hacer cosas y dirigiendo su enfoque de varias maneras. Sin embargo, la moderación no es lo mismo que el confinamiento. Del mismo modo, no es un límite en el rango de sus actividades. De hecho, la moderación es tu camino para liberarte del dolor o daño que te infliges a ti mismo ya los que te rodean.

Además, la práctica de la moderación no implica limitar el alcance de su conciencia. En general, las personas simplemente se enfocan en lo que les gusta o no les gusta cuando están haciendo o mirando algo. Por otro lado, la restricción te permite percibir por qué te gusta o no te gusta algo. Te permite ver cuál es el resultado cuando te ajustas a tus gustos y aversiones. Por lo tanto, expandes la forma en que ves las cosas y obtienes un entendimiento en las áreas de la mente, que de lo contrario permanecerían ocultas. La moderación es un método para desarrollar el discernimiento.

Su entorno

En general, los valores de la mayoría de las personas son directamente opuestos a una vida meditativa. La mayoría de las personas se inclinan a hacer una idea de la felicidad genuina. Algunos evitan por completo el tema de la verdadera felicidad. Sin embargo, otras personas piensan que nunca pueden obtener verdadera felicidad a través de sus propios esfuerzos. Esto no solo es cierto para la mayoría de las sociedades liberales, sino también en las sociedades tradicionales o conservadoras. En las sociedades modernas o liberales, todas las formas de medios tienden a sugerir buscar la felicidad en las cosas temporales.

A la inversa, la práctica de la meditación es constantemente contracultural en términos de felicidad genuina e inmutable. Esto significa que cuando se trata de la verdadera felicidad, nadie más puede proteger y defender su convicción que tú mismo. Usted es el único que puede proteger su convicción. Como tal, necesita aprender cómo proteger su práctica de diferentes valores sociales.

Otras posturas para la meditación

Aparte de la meditación sentada, también puedes meditar en otras posturas. Estas incluyen caminar, estar de pie y acostarse.

Meditación de caminar

La meditación caminando es una alteración ideal entre mantener una mente quieta cuando tu cuerpo está quieto y mantener una mente quieta en medio de todas tus actividades. Caminar de manera meditativa le permite practicar la habilidad de proteger la quietud de su mente mientras su cuerpo está en movimiento y al mismo tiempo abordar posibles perturbaciones externas o distracciones.

La meditación caminando es idealmente practicada justo después de que termines de practicar la meditación sentada. Esto te permite expandir tu mente inmóvil a la práctica de la meditación caminando.

Por otro lado, a algunas personas les resulta más fácil tranquilizarse mientras están sentados después de haber realizado primero una sesión de meditación caminando. Esto es en realidad una disposición personal.

Si va a realizar una sesión de meditación caminando justo después de una comida, le permitirá a su cuerpo digerir los alimentos que ha consumido y evitar la sensación de somnolencia a través del movimiento de su cuerpo.

Puedes practicar la meditación caminando de dos maneras. Una es caminando hacia adelante y hacia atrás en un camino específico y la segunda, dando un paseo. Caminar hacia adelante y hacia atrás es más aplicable si desea que su mente se calme. Ir a dar un paseo, por otro lado, es más propicio cuando no tiene acceso a un camino sin interrupciones en el que puede caminar de un lado a otro sin incitar las preocupaciones o la curiosidad de otras personas.

Antes de comenzar su sesión de meditación para caminar, asegúrese de estar de pie por un tiempo, alinear su cuerpo y prestar atención al área central elegida para tomar nota de su respiración. Asegúrese de respirar de manera que su área central esté renovada y cómoda.

Luego, camine a un ritmo ideal. Asegúrate de caminar con compostura, pero sigue luciendo natural. Es importante no dejar que nadie sepa que en realidad estás haciendo una sesión de meditación caminando. En la medida de lo posible, mire a su alrededor solo cuando sea necesario y adecuado para mantenerse a salvo de posibles daños.

En el caso de que sus pensamientos comiencen a desvanecerse, todo lo que debe hacer es detenerse por un tiempo y volver a enfocar el área central elegida. Respire y exhale un par de veces para refrescarse, y luego continúe caminando. Si hay personas a tu alrededor y quieres evitar llamar la atención, puedes fingir que estás mirando algo mientras intentas reenfocarte.

Independientemente de si está practicando la meditación caminando en un camino fijo o si va a dar un paseo, finalice su sesión de pie por unos minutos.

Meditación de pie

La meditación de pie es una práctica que rara vez se hace por sí misma. Más a menudo que no, es una parte de la meditación caminando. La práctica de la meditación de pie es ideal para cinco situaciones mientras caminas.

Primero, cuando sus pensamientos desaparezcan de su respiración, deténgase y párese por un tiempo hasta que pueda volver a concentrarse en su área central. Después de lo cual, puedes comenzar a caminar de nuevo.

En segundo lugar, cuando está cansado de caminar, pero aún desea continuar con su meditación para caminar, párese un momento para descansar. Asegúrate de prestar atención a tu postura como en la primera situación.

En tercer lugar, cuando domina la habilidad de difundir su conciencia y de establecer una respiración cómoda desde el área central para llenar todo su cuerpo, puede ser más fácil que se quede quieto. Una vez que tu conciencia se haya extendido, continúa caminando. En el caso de que pierda esa sensación de todo su cuerpo, deje de caminar nuevamente y quédese quieto para recuperarse de él.

Cuarto, cuando la mente se concentra en un fuerte sentido de concentración a pesar del movimiento de su cuerpo, deténgase y quédese quieto. Esto permitirá que la mente se reúna completamente. En algunos casos, los meditadores establecen un lugar junto a su camino de meditación donde pueden descansar si sus mentes se reúnen tan intensamente que se distraen incluso al permanecer quietos.

Finalmente, cuando la mente te proporciona una visión interesante mientras caminas, detente y quédate quieto. Trate de tomar nota de esa visión con más cuidado. En el caso de que esto te suceda, debes evitar dedicar demasiada atención a tu postura. Esto se debe a que podría ser una distracción de lo que está tomando nota en su mente.

En general, sus manos deben estar juntas frente a usted o detrás de usted mientras está de pie y caminando.

Meditación mientras se está acostado

Meditar mientras está recostado es muy ideal si apunta a una concentración fuerte. Hay algunos casos en los que a los meditadores les resulta más fácil concentrarse mientras están acostados en comparación con la postura sentada. De hecho, les resulta más propicio para ganar una fuerte concentración.

Por otro lado, practicar la meditación mientras está acostado también es propicio para quedarse dormido. Como tal, su principal preocupación al meditar mientras está acostado es no quedarse dormido. Necesitas estar despierto.

En general, si desea practicar la meditación mientras está acostado, es mejor que se acueste sobre su lado derecho en lugar de sobre su lado izquierdo, sobre su estómago o sobre su espalda. Si considera que es necesario acostarse por largos períodos, por ejemplo, si está enfermo, puede cambiar su postura entre estas posturas acostadas.

Hay tres ventajas de acostarse sobre tu lado derecho. Primero, tu corazón está por encima de tu cabeza. Se dice que esto mejora el flujo de sangre de tu cerebro. Esto también implica que si tienes una fisiología invertida; es decir, su corazón está en su lado derecho, es mejor meditar mientras está acostado sobre su lado izquierdo.

En segundo lugar, acostarse sobre su lado derecho promueve una mejor digestión.

En tercer lugar, acostarse sobre su lado derecho le permite ubicarse en un punto de un pie encima de su otro pie sin deslizarse. Esto puede ayudarlo a permanecer despierto hasta que termine su meditación, ya que requiere mucha atención para dedicarse a sus pies. Asegúrese de tener una almohada a la altura adecuada para sostener su cabeza y mantener su columna recta.

Si está acostado sobre su lado derecho, es mejor colocar el brazo derecho justo delante de usted para que el peso no quede sobre él. También es recomendable doblar el brazo de tal manera que su mano derecha quede frente a su cara, con la palma hacia arriba. Su brazo izquierdo debe colocarse recto junto con su cuerpo, con la palma hacia abajo.

Conclusión

¡Gracias de nuevo por descargar este libro! Espero que este libro pueda ayudarlo a aprender sobre el concepto de meditación y sus beneficios no solo para obtener un estilo de vida feliz y saludable; pero en todos los aspectos de tu vida también.

El siguiente paso es las técnicas de meditación que se discutieron en este libro. Estas técnicas resultarán en encontrar una felicidad genuina, lo que implica tener relaciones armoniosas con los demás y con usted también.

¡Gracias y buena suerte!

Parte 2

INTRODUCCIÓN

En el mundo de hoy, nuestras vidas están llenas de una lista interminable de cosas por las que hacer hincapié. La salud, el trabajo, el dinero, los niños, las relaciones y la lista continúan, sin mencionar las actualizaciones siempre molestas de nuestro mejor amigo tecnológico, el teléfono celular. Entre eso y las tensiones de la vida, en general, puede ser extremadamente difícil encontrar la capacidad de relajarse.

Aquí es donde entra en juego la meditación. Resulta que estoy viviendo con todas estas tensiones como tú. Durante años, luché por lidiar con eso, probando diferentes cosas aquí y allá sin mucho éxito hasta que un día un amigo mío me recomendó que probara la meditación. Al principio, era un poco escéptico, pero mi amigo me convenció de que con solo unos minutos al día vería mejoras dramáticas en mi estado de ánimo y felicidad en general. Entonces, decidí darle una oportunidad y quedé impresionado por los resultados.

Estoy escribiendo este libro porque la meditación ha cambiado mi vida, y espero poder compartir ese regalo con tantas personas como pueda. Mi objetivo es proporcionar métodos fáciles de entender que lo tengan en la vía rápida hacia la relajación, la felicidad y la paz interior.

CAPÍTULO 1

¿QUÉ ES LA MEDITACIÓN?
<u>LA HISTORIA DE LA MEDITACIÓN.</u>

Es difícil creer que tantas personas aún piensen que la meditación es una forma de oración o de adoración para alguna entidad. Sin embargo, eso simplemente no es cierto. La meditación no es de ninguna manera un tipo de práctica religiosa, ni identifica ninguna entidad excepto la persona que practica la meditación.

También es importante entender que la meditación es diferente a la hipnosis, y mientras practicas la meditación, no te estás hipnotizando a ti mismo. No entrarás en un trance profundo y no te darás cuenta de lo que estás haciendo. Otra idea falsa común es que solo puedes meditar durante ciertos momentos del día, enfrentándote a ciertas direcciones, las cuales no son completamente ciertas. Finalmente, muchas personas enseñan que la meditación consiste en controlar sus pensamientos o en centrarse en un pensamiento específico todo el tiempo que esté meditando. Aquellos que enseñan esto realmente no entienden qué es la meditación.

La verdad es que, aunque la meditación se ha vuelto muy popular y muchas personas están tratando de incorporarla en sus vidas, en realidad no tienen idea de lo que realmente es la meditación.

Si realiza una búsqueda en línea, encontrará que el 50 por ciento de los sitios web le dirá que la meditación se trata de la concentración y el otro 50 por ciento le dirá que la concentración no tiene nada que ver con la meditación. quien esta diciendo la verdad?

La verdad es que la meditación no debe requerir ningún esfuerzo mental. De hecho, no debes concentrarte en nada cuando estás meditando, sino permitir que tu mente y tus pensamientos fluyan libremente.

Descubrirá que cuanto más medite, más podrá concentrarse en su vida cotidiana. Sin embargo, la meditación debe ser todo lo contrario de la concentración.

¿POR QUÉ DEBES MEDITAR?

Las investigaciones demuestran que la meditación es una de las mejores maneras de reducir el estrés en la vida de uno. El estrés y los efectos del estrés se han estudiado en los EE. UU. Durante más de 70 años. Estos estudios llevaron a que se desarrollaran cientos de técnicas diferentes para ayudar a las personas a lidiar con el estrés; Sin embargo, la investigación muestra que ninguna de estas nuevas técnicas funciona ni siquiera a medias, sino también en meditación.

La meditación ha estado en uso durante miles de años y se ha desarrollado y mejorado generación tras generación a medida que se transmite a través de las familias.

Un estudio mostró que aquellos que comenzaron a meditar visitaban al médico con menos frecuencia después de solo seis meses de practicar la meditación y ahorrando un promedio de 200 dólares en las facturas de los médicos. Otro estudio mostró que aquellos que meditaban requerían mucho menos atención médica que aquellos que no participaron en la meditación.

Es cada vez más evidente que la reducción del estrés y el enfoque en la salud mental tienen mucho que ver con la salud física de una persona, lo que significa que la meditación podría reducir los costos de atención médica.

Por supuesto, aquellos que están bajo mucho estrés en sus vidas se beneficiarán de la meditación porque verán una reducción del estrés en sus vidas. Revisaremos más beneficios más adelante en este libro, pero es importante entender que la meditación puede mejorar cada área de su vida.

La meditación debe ser sin esfuerzo. No debe ser una tarea que deba completar todos los días, pero querrá programar un tiempo para ello todos los días, especialmente después de comenzar a ver los resultados en nuestra vida.

LA HISTORIA DE LA MEDITACIÓN

La meditación tiene una larga historia y se remonta al menos 5.000 años. Se piensa que la meditación fue utilizada por primera vez por cazadores y recolectores, lo que significa que la meditación se remonta a antes de que existiera la sociedad civilizada.

Cuando los cazadores y recolectores comenzaron a ver cómo la meditación podía beneficiarlos, comenzaron a pasar la práctica a través de las generaciones.

Finalmente, el budismo retomó la práctica de la meditación y creyó que era parte de la fórmula básica que los llevaría a la salvación. La verdad es que muchas religiones diferentes han adquirido alguna forma de meditación y la han estado utilizando en sus prácticas, incluso hoy en día, por lo que muchas personas han pensado erróneamente que la meditación es una forma de creencia religiosa.

Si bien puedes usar la meditación para profundizar tu comprensión de cualquier religión en particular, la meditación no es algo que ninguna religión pueda reclamar, aunque los budistas lo intentaron.

Fue alrededor del 20 AC antes de que otras

religiones pensaran en la meditación como una forma de ejercicio espiritual, y en el siglo III, fue presentada a los cristianos. Sin embargo, hubo muy pocos seguidores cristianos de la práctica.

El judaísmo, sin embargo, aceptó la meditación como parte de su tradición transmitida por los fundadores de la religión. En Génesis 24:63, la Torá declara que Isaac bajó a los campos para meditar.

La meditación fue llevada a Occidente, sin embargo, a través del estudio del budismo. La diferencia en la forma en que pensamos acerca de la meditación hoy y la forma en que los antiguos budistas pensaban sobre la meditación es que, en lugar de pensar en el budismo como un tipo de práctica religiosa, pensamos que es una forma de reducir el estrés en nuestras vidas.

Entendemos que nuestro cuerpo reacciona a la meditación de una manera específica, lo que ayuda a que se relaje. Si bien no nos ayudará a ser más espirituales de lo que somos, puede ayudarnos a sentirnos más relajados, lo que puede ayudarnos a obtener la vida que deseamos sin sentirnos abrumados.

¿QUIÉN DEBERÍA USAR LA MEDITACIÓN?
La meditación debe ser parte de la vida de todos, y debe practicarse todos los días. Ahora, en general, a menudo no recomiendo nada para todos. Sin embargo, creo que cualquiera que practique meditación verá beneficios, y no es algo que lamentará en ningún momento de sus vidas.

Cada persona con la que he hablado que medita diariamente habla de lo bien que va su vida; son personas felices y productivas que no se estresan fácilmente y no tienen que preocuparse por ser víctimas de la depresión.

También hay personas que han practicado la meditación, y cuando les hables sobre eso, te dirán que necesitan volver a la práctica. La mayoría de las veces, estas personas están luchando en la vida. Pero, cuando les preguntas sobre su vida cuando meditaban de forma regular, te contarán qué tan bien les iban a hacer las cosas, cuán poco estrés tenían en sus vidas y cómo todo en su vida parecía funcionar como un Máquina bien engrasada.

Por supuesto, hay personas que han leído

libros como este; Han visto los videos y comprenden los beneficios de la meditación. Sin embargo, continúan posponiéndolo, porque simplemente no tienen tiempo.

Si usted es una de estas personas que luchan por encontrar tiempo para meditar, lo aliento a reservar tiempo en su horario diario, para que pueda meditar todos los días durante al menos 10 minutos. La verdad es que todos tenemos 10 minutos que podemos dedicar cada día a la meditación, y al hacerlo, descubrirán que en realidad están obteniendo más de su tiempo cada día.

Finalmente, hay quienes temen que no estén practicando la meditación correctamente, que cometan algún tipo de error o que no entiendan completamente el proceso.

A esas personas, les digo, dejen de preocuparse por algo que simplemente no puede suceder. Ves, no puedes meditar mal. Verás, no tienes que sentarte en el suelo y cantar para meditar. No tiene que escuchar la meditación guiada, o seguir lo que alguien más piensa que la meditación debería ser.

En cambio, la meditación es, y debería ser, lo que sea que necesites hacer para alcanzar un estado de felicidad. Debe ser una actividad que te permita estar perfectamente bien en el momento; su mente no se enfoca en lo que se necesita hacer, u otras tensiones en su vida, sino que encuentra que nada realmente importa, incluso si es solo por unos momentos.

Tal vez, usted, al igual que yo, tenga momentos en los que descubra que simplemente está mirando hacia el espacio. No estás mirando nada, de hecho, cuando esto sucede, realmente no ves nada, sino que te sientes como si estuvieras casi ausente de este mundo. Este estado es una forma de meditación.

Discutiremos otras formas de meditación, así como los ejercicios que puede hacer para alcanzar un estado meditativo más adelante en este libro, pero si observa el ejemplo anterior y la definición de un estado meditativo, es probable que ya esté Sin saberlo practicando alguna forma de meditación.

Sin embargo, es importante que practiques conscientemente la meditación, apartando un tiempo cada día para que tu mente no se enfoque en nada.

Cuando practicas meditación consciente, no ignorarás tus pensamientos y sentimientos cuando entren en tu mente; reconocerás que existen, pero no te centrarás en ellas.

Este tipo de meditación es para la relajación inducida y se utiliza para fomentar un estado mental positivo, así como un estado mental equilibrado y saludable.

Cuando se usa la meditación consciente, la frecuencia cardíaca disminuye, la ansiedad se reduce y comienzan a surgir patrones de pensamiento positivos.

El pensamiento positivo y la meditación trabajan de la mano. De hecho, muchas personas se meten en meditación porque han encontrado que la Ley de Atracción o alguna otra creencia o práctica de pensamiento positivo han demostrado ser útiles en sus vidas.

Hay muchos ingredientes que conforman una vida exitosa y la meditación es uno de esos ingredientes. Descubrirá que mientras estudia meditación, puede haber muchas opiniones en conflicto, y también encontrará que hay muchas formas de meditación. Sin embargo, he estado practicando meditación durante muchos años y repasaré todas las técnicas que uso personalmente, así como varias otras técnicas en este libro.

No hay una técnica única para todos cuando se trata de meditación. Sin embargo, puede ajustar las técnicas para adaptarse a su estilo de vida. Por ejemplo, practico mucha meditación guiada. No tengo mucho tiempo en mi día, así que a medida que avanzo, me pongo unos auriculares que me permiten meditar. Algunas personas escuchan estas meditaciones guiadas mientras duermen; sin embargo, si padece un trastorno del sueño, como la parálisis del sueño, es posible que esto no le funcione.

Algunas personas que tienen trastornos del sueño lo hacen completamente bien al escucharlas mientras duermen, mientras que otras pueden tener problemas o temores más intensos ya que no pueden escuchar lo que sucede a su alrededor.

Solo te digo esto para mostrarte cómo difiere la meditación para diferentes personas. Debe recordar que si bien un tipo de meditación puede funcionar para una persona, simplemente no puede funcionar para usted, así que no se dé por vencido si descubre que una de las técnicas de este libro no funciona para usted.

CAPÍTULO 2

BENEFICIOS DE LA MEDITACIÓN

Sentarse y pensar acerca de los beneficios de la meditación a menudo lleva a muchas personas a pensar acerca de los beneficios físicos; Lo que la meditación le hace al cuerpo. Sin embargo, me parece importante ir más allá de eso. Por supuesto, cubriremos los beneficios físicos de la meditación más adelante en este libro, pero quiero centrarme en cómo la meditación puede cambiar tu vida.

Lo primero que la meditación puede ayudarte a hacer es entender realmente quién eres. Todos comenzamos nuestra vida como hijos de alguien, podemos convertirnos en el esposo o la esposa de alguien, e incluso en los padres de alguien, pero a menudo las personas se preguntan quiénes son realmente.

Hubo un tiempo en el que me identificaba más con una máquina que con una persona real. Estoy seguro de que otras personas han estado allí, yendo por sus días, uno exactamente igual al resto, sintiendo que no tenemos otro propósito que pagar facturas y atender las necesidades de otras personas.

Este sentimiento a menudo nos lleva a perdernos en la vida y no saber realmente quiénes somos más allá de los roles que desempeñamos en la vida. Comenzarás a darte cuenta de que tus roles no te definen; son simplemente roles en tu vida, partes que juegas, pero eres mucho más que eso. Encontrarás quién eres realmente.

La meditación también genera confianza. El triste hecho de la vida es que a medida que todos crecemos de niños a adultos, nos enfrentamos a un trauma emocional. Incluso si hemos tenido una educación muy estable, es imposible para cualquiera de nosotros evitar este trauma emocional porque no tiene que venir de casa. Piense en cómo se comportaron los niños en la escuela o cómo se comportan las personas mientras están en el trabajo.

Eventos como este pueden tener un costo enorme en nosotros y en nuestras mentes a menudo, lo que nos hace levantar lo que se conoce como muros emocionales para protegernos de cualquier dolor emocional adicional.

Estos eventos pueden incluso cambiar la personalidad de una persona, lo que hace que sean agresivos y puede causar baja confianza en sí mismo o autoestima. La falta de confianza es un mecanismo de defensa que ayuda a garantizar que no te estés llamando la atención, lo que significa que te sientes más seguro porque es menos probable que te critiquen quienes te rodean.

Cuando comiences a meditar, lo harás por razones específicas, por ejemplo, meditarás para tener confianza. La meditación te llevará a sentirte extremadamente relajado. Esta es una relajación que probablemente nunca antes hayas sentido.

Comenzará a sentirse en paz y no se

enfocará en los problemas que tiene en su vida, incluso si es solo por el corto tiempo que está meditando. Lo que encontrará al continuar con esta meditación es que comenzará a moverse más allá de estas paredes y encontrará un estado mental tranquilo y despreocupado.

Puede que no sientas que este estado mental, incluso existe en ti en este momento, pero puedo prometerte que sí. Cuando llegues a este lugar en tus meditaciones, comenzarás a ver las cosas desde una perspectiva diferente. Comenzarás a comprender el dolor por el que has pasado; Encontrarás el perdón y comenzarás a comprender cuán pequeños son realmente tus problemas cuando miras la inmensidad del universo.

Finalmente, lo que vas a encontrar es que ya no te importará lo que la gente piense de ti porque te amarás a ti mismo tal como eres.

También se ha comprobado que la meditación mejora el estado de ánimo de una persona. Podemos estresarnos y ni siquiera saber la razón de esta ansiedad. Nuestras vidas están llenas de estrés, y a menudo encontramos que es abrumador. Nos puede vencer hasta que sintamos que no hay nada más que podamos hacer. Tratamos de contraatacar, pero parece que las preocupaciones se acumulan.

Ninguno de nosotros es inmune al estrés, y si no tiene que lidiar con él de manera regular, entonces está viviendo una vida diferente a la de cualquier otro. Sin embargo, la meditación puede ayudarlo a lidiar con el estrés en su vida, así como a mejorar su estado de ánimo, asegurando que esta tensión no lo deprima.

Un estudio de ocho semanas mostró que aquellos que practicaban la meditación mientras asistían a la escuela de medicina tuvieron una reducción de la ansiedad, sufrieron de depresión menos que los que no participaron en la meditación y fueron más empáticos con quienes los rodeaban.

Otros estudios realizados demostraron que quienes participaron informaron que tenían una mejor calidad de vida que antes de comenzar a meditar, habían mejorado los estados de ánimo, sufrían resfriados con menos frecuencia y tenían menos estrés en sus vidas.

La verdad es que estos estudios no están demostrando nada nuevo, simplemente están alcanzando lo que otras culturas han conocido durante miles de años; La meditación es buena para la mente, el cuerpo y el alma.

La meditación te permite estar presente en el momento. En lugar de pensar y preocuparse siempre por lo que podría pasar o lo que sucedió en el pasado, la meditación te permite sacar esos pensamientos de tu cabeza y vivir en el ahora.

La meditación también puede mejorar su enfoque, concentración, productividad y su memoria. Millones de libros se venden cada año, centrándose en estos temas. Todos parecen estar buscando una manera de ser más productivos, mejorar su memoria y su concentración.

En el mundo en que vivimos, no es de extrañar que las personas tengan dificultades para concentrarse. Hay tantas cosas a nuestro alrededor que muchas veces se puede sentir como si nuestra cabeza estuviera dando vueltas mientras estamos tratando de mantenernos al día.

Un estudio demostró que la meditación no solo ayuda a mejorar el estado de ánimo general de las personas, sino que también les ayuda a recordar más detalles cuando están en el trabajo y en la vida en general. Aquellos que tomaron parte en la meditación informaron sentirse más enérgicos y que su enfoque aumentó sustancialmente.

De los que participaron en el estudio, los que practicaron la meditación pudieron superar a los que no practicaron la meditación después de solo ocho semanas. Este estudio requirió que los participantes meditaran dos horas a la semana. Sin embargo, no tiene que meditar durante dos horas seguidas para ver estos resultados.

En realidad, solo toma entre 10 y 15 minutos por día de meditación si desea ver los mismos resultados que los que participaron en este estudio.

También se ha descubierto que la meditación puede ayudar a mejorar sus relaciones también. Este beneficio es porque la meditación reduce el estrés en tu vida. Se entiende ampliamente que el estrés más alto que una persona tiene en sus vidas; las relaciones menos exitosas que tendrán.

El estrés puede afectar todo, desde las amistades hasta las familias y las relaciones de pareja, sin embargo, cuando aprendes a manejar el estrés de manera adecuada mediante el uso de la meditación, ya no se convierte en un factor en tu vida.

Por supuesto, meditar no reducirá las cosas que tienes en tu vida que te causan estrés. Aún tendrá fechas límite, tendrá que trabajar para ganarse la vida y todavía tendrá que pagar las cuentas. Sin embargo, lo que la meditación va a hacer es ayudarlo a lidiar con esos factores estresantes de una manera diferente.

La meditación no te hará olvidar que tienes cosas con las que lidiar en tu vida, pero te ayudará a enfocarte en este momento. Esto significa que cuando las cuentas venzan, o cuando llega la fecha límite o cuando aparece el factor de estrés con el que tiene que lidiar, ya estará preparado para ello. Esto se debe a que al practicar la meditación, aprendes a vivir en el momento y haces las cosas que quisiste hacer cuando necesitaban hacerlo.

La meditación te permitirá cerrar la brecha entre lo que piensas y lo que sientes. Muchos estudios han demostrado que la meditación es como el yoga para el cerebro. Ayuda a aumentar la capacidad cerebral, lo que te ayudará a cerrar esa brecha.

La mayoría de las personas siguen sus sentimientos o sus pensamientos. Aquellos que siguen sus sentimientos se encuentran a menudo en situaciones que no son buenas para ellos, así como relaciones que no son buenas para ellos.

Los que siguen sus pensamientos no suelen confiar en quienes los rodean, se retiran y no permiten que se desarrolle ninguna relación. Sin embargo, cuando utilizas la meditación, descubrirás que ya no eres un extremo u otro. Lo que encontrará es que está bien equilibrado, lo que significa que estará eligiendo las relaciones correctas en función de sus pensamientos y sus sentimientos.

Este equilibrio también asegurará que mientras interactúas con otras personas, no dejes que tus emociones tomen el control de ti y reaccionen de manera exagerada, ni tampoco te dejes sin emociones.

Podrá pensar en una situación antes de reaccionar y podrá reaccionar adecuadamente. Este comportamiento podría salvar muchas relaciones en su futuro.

Entender con quién estás interactuando en cualquier relación es muy importante. Cuando practicas meditación, descubrirás que puedes comprender mejor a quienes te rodean, tu empatía aumentará y podrás ponerte en su lugar.

Muchas veces, solo miramos una situación desde un punto de vista, el nuestro. Esto puede causar problemas en nuestras relaciones porque realmente no estamos tratando de entender de dónde viene la otra persona. Es natural que todos los animales piensen en sí mismos. Sin embargo, no es natural que cualquier animal, humano o no, solo piense en sí mismo todo el tiempo. Cuando esto sucede, las relaciones fracasan y las amistades terminan. La meditación puede asegurar que no cometas este error.

Se han realizado casi 50 estudios que demuestran que la meditación puede ayudar a reducir la ansiedad, la depresión e incluso el dolor general. En realidad, se realizaron más de 19,000 de estos estudios, pero muchos de ellos no estaban bien controlados, y se encontró que muchos de los que se ofrecieron como voluntarios para formar parte del grupo de estudio ya creían que la meditación ayudaría a los trastornos mentales de una forma u otra. Entonces, nos quedamos con los 50 estudios que fueron bien controlados y bien realizados.

Muchas personas sufren de depresión. Puede ser causada por la genética, las experiencias pasadas, asumir demasiado, la pena, comenzar un nuevo trabajo, casarse, problemas financieros u otros eventos "normales" que tienen lugar en nuestras vidas.

La mayoría de las depresiones actuales les suceden a las personas que tienen que hacer más de lo que creen que pueden hacer. Cuando luchas por encontrar alguna felicidad en tu vida, cuando tu vida no está equilibrada, la depresión puede establecerse rápidamente, especialmente si estás genéticamente predispuesta a ello o si has sufrido depresión en el pasado.

En 1996, la Universidad de Washington realizó un estudio en St. Louis, que mostró que los que sufrían de depresión tenían un hipocampo poco desarrollado. Esta es un área del cerebro responsable de la pérdida de memoria y la desorientación. Sin embargo, hay buenas noticias. Este estudio también mostró que el subdesarrollo del hipocampo podría revertirse, y no se realiza mediante procedimientos médicos, sino con la meditación.

Muchas personas que sufren de depresión se encuentran confiando en los medicamentos recetados para pasar sus días. Estos medicamentos generalmente contienen serotonina y norepinefrina. El cerebro de una persona que sufre de depresión no produce naturalmente suficiente cantidad de estos químicos. Por supuesto, muchas personas piensan que, dado que estas píldoras pueden proporcionar lo que el cerebro necesita, tomar una píldora no es tan importante. El problema es que muchos de estos medicamentos simplemente no funcionan, otros hacen que la persona se sienta como una especie de zombie y muchos estudios han demostrado que un antidepresivo tuvo el mismo efecto que un medicamento placebo.

La meditación, por otro lado, naturalmente aumenta la serotonina y la norepinefrina en el cerebro sin efectos secundarios desagradables. Muchas veces, la depresión puede ser provocada porque una persona no se siente completa, no se siente lo suficientemente buena. La meditación ayuda a una persona a sentirse completa, y nos ayuda a entender que somos lo suficientemente buenos, que somos capaces de hacer las cosas que nos propusimos.

Muchas personas pasan su tiempo buscando el equilibrio en sus vidas. Hay muchos libros escritos sobre el tema y la mayoría de estos libros mencionan la meditación. No hay manera de que realmente puedas tener un equilibrio en tu vida si no practicas la meditación.

Cada célula de tu cuerpo quiere un

equilibrio, no solo cuando se trata de alimentos y agua, sino de un equilibrio total en cada área de tu vida. Cuando encuentra el equilibrio, sus células tienen que lidiar con menos estrés y, por lo tanto, pueden funcionar correctamente. El equilibrio no solo es importante para su felicidad en la vida, sino también para su salud.

Hay literalmente cientos de formas en que la meditación te ayuda en tu día a día. Si buscas ser más productivo, vivir una vida equilibrada, aumentar tu felicidad y construir relaciones, la meditación es adecuada para ti.

La meditación también es excelente para desarrollar el carácter, aumentar la fuerza de voluntad, garantizar que alcances tus objetivos, mejorar la función cerebral, aumentar tu capacidad de aprendizaje, reducir la ira e incluso aumentar la inteligencia.

Los beneficios de la meditación son infinitos y afectan cada área de tu vida. Simplemente al meditar durante 10 a 15 minutos cada día, puede ver resultados dramáticos.

CAPÍTULO 3

EFECTOS DE LA MEDITACIÓN EN EL CUERPO.

Hay muchos beneficios diferentes de usar la meditación, y muchos de ellos tienen que ver con el cuerpo. Hablamos un poco en el capítulo anterior sobre cómo la meditación ayuda a mejorar la salud mental, pero quiero centrarme en el resto del cuerpo en este capítulo.

Espero que entre el capítulo anterior y este capítulo, veas que hay tantos beneficios de la meditación que si no la practicas regularmente, realmente te estás perdiendo.

Ya he hablado mucho sobre cómo la meditación puede ayudar a reducir el estrés en su vida. Sin embargo, no he explicado en detalle cómo puede afectar su salud en general, y creo que este es el efecto más importante en el cuerpo y que debe discutirse primero.

Muchas personas creen que estamos viendo un aumento en las enfermedades hoy en día debido a la cantidad de estrés que sufren las personas y pueden tener razón. El estrés es cómo nuestros cuerpos reaccionan a los cambios en nuestras vidas. Los cambios pueden ser positivos o negativos y, sin embargo, nuestro cuerpo tiende a reaccionar de la misma manera. El estrés afecta el bienestar mental de una persona, así como el cuerpo físico.

Piense en la última vez que estuvo demasiado estresado. No estoy hablando de estrés cotidiano regular; Estoy hablando de alcanzar tu punto de ruptura. ¿Cómo se sintió tu cuerpo? Tal vez tuvo un fuerte dolor de cabeza, o su visión se volvió borrosa, tal vez su ritmo cardíaco aumentó drásticamente, o puede haber estallado en urticaria.

Cada persona que conoces tiene una forma diferente de responder al estrés. Algunas personas lo retienen todo, lo que a menudo conduce a respuestas físicas, como urticaria, mientras que otras no tienen problema en dejarlo salir, incluso si se manifiesta como enojo.

Cuando muchas personas piensan en el estrés, tienden a centrarse en las cosas grandes, como las muertes o las relaciones fallidas, pero el estrés es en realidad cualquier cosa que hace que su mente o cuerpo tengan que adaptarse. Verás, el calor o el frío pueden considerarse estrés. Una nueva asignación de trabajo puede causar estrés, hacer cambios en el hogar puede causar estrés. No tiene que ser algo enorme para que cause estrés en tu vida.

El estrés puede tener efectos positivos en nuestras vidas. Puede hacer que nos pongamos más atentos a las cosas que nos rodean, y puede ayudarnos a sentirnos más motivados.

Por ejemplo, si sabemos que no vamos a poder pagar nuestras facturas, el estrés puede hacer que trabajemos más duro para ganar el dinero, y si sentimos que estamos en peligro, el estrés puede hacer que prestemos más atención y nos mantengamos nosotros alerta

El estrés también puede tener efectos negativos, y esos son los que quiero dedicar un tiempo a enfocarme. Algunos de los efectos secundarios negativos del estrés son dolores de cabeza, náuseas, presión arterial alta, problemas para dormir y dolores en el pecho.

Los efectos secundarios causados por la presión arterial alta pueden llevar a muchos otros problemas relacionados con la salud, siendo los más preocupantes la enfermedad cardíaca. El estrés también puede hacer que las personas consuman alcohol, tabaco e incluso drogas ilegales como un medio para enfrentarlo.

El mayor problema es que, en lugar de que el cuerpo reaccione al estrés de una manera positiva, o permita que el cuerpo se relaje, se tensa, generalmente causando más estrés que puede provocar más problemas o el desarrollo de enfermedades.

Es importante tener en cuenta que una pequeña cantidad de estrés aquí y allá en su vida está perfectamente bien. El problema viene cuando una persona sufre de estrés crónico. Esta condición básicamente significa que la persona tiene una gran cantidad de estrés y que dura un largo período de tiempo. Esto es cuando el estrés comienza a causar problemas de salud.

El estrés crónico puede, literalmente, matar. Al menos el 75 por ciento de las visitas al médico se deben a algún problema de salud relacionado con el estrés. Al calmar la mente a través de la meditación, podrá reducir los efectos del estrés y podrá manejar las situaciones estresantes mejor que antes. También encontrará que cuando se encuentra en una situación estresante, una que por lo general le causaría una gran cantidad de estrés antes, no le causará casi ningún estrés después de haber estado meditando durante algunas semanas.

La Asociación Americana del Corazón publicó un estudio que mostró que aquellos que tomaron parte en la meditación de manera regular y sufrieron de una enfermedad cardíaca vieron una reducción en el grosor de sus arterias. Lo que esto significa es que, a través de la meditación, puedes literalmente revertir la enfermedad cardíaca y reducir tus posibilidades de sufrir un ataque cardíaco.

Existe un tipo de meditación, del que hablaremos más adelante en este libro, llamada relajación muscular progresiva, que a menudo se usa al comienzo de una sesión de meditación y ayuda a relajar sistemáticamente todos los músculos del cuerpo.

Otro beneficio de la meditación es que podrás estimular tu sistema inmunológico. El estrés hace que nuestro sistema inmunológico se debilite. Cuando usamos la meditación para reducir el estrés en nuestras vidas, naturalmente fortalecemos nuestro sistema inmunológico, lo que significa que nos enfermamos con menos frecuencia. Debido a que las enfermedades pueden causar estrés, esto es muy importante. Por lo tanto, creará un ciclo en el que reducirá su estrés y, por lo tanto, reforzará su sistema inmunológico, causando que se enferme con menos frecuencia, lo que, a su vez, reducirá el estrés que tiene en su vida.

La meditación le hará a tu mente lo que el ejercicio hace para el cuerpo, lo que significa que hará que tu mente sea más fuerte y más flexible.

Se ha comprobado que la meditación cambia la forma en que funciona tu cerebro, afectando la forma en que no solo tu mente sino tu cuerpo reaccionan a diferentes estímulos. También se ha demostrado que la meditación afecta la forma en que se compone el cerebro, lo que significa que adelgazará algunas áreas del cerebro que son demasiado gruesas y que engrosarán las partes del cerebro que son demasiado delgadas.

Muchas personas están teniendo dificultades hoy para encontrar la energía que necesitan. Descubren que poco después de levantarse cada mañana, están agotados y no tienen idea de cómo van a pasar su día.

Este sentimiento no es algo que no sea común, y cuando ve que le sucede a alguien que conoce, puede ser desgarrador. También es muy triste que muchas personas sientan que tienen que ocultar esta lucha y que esto puede llevar a la depresión porque la persona asume que hay algo malo con ellos por no poder tener la energía que necesitan.

No puedes forzarte a tener energía y muchas personas recurren a las bebidas con cafeína para hacerlo, pero esto solo las deja más cansadas cuando las bebidas desaparecen. No duermen bien durante la noche, lo que los lleva a sentirse agotados a la mañana siguiente y el ciclo continúa.

No manejar su estrés será una de las razones más importantes por las que se agotará su energía. Sentirse cansado después de haber pasado un largo día de trabajo no es nada nuevo, y es completamente normal; Es cómo debe reaccionar tu cuerpo al trabajo. Sin embargo, el agotamiento que la mayoría de la gente sufre hoy en día no se debe al trabajo de su cuerpo hasta ese punto.

Cuando estás lidiando con este tipo de agotamiento, tienes que echar un vistazo a lo que estás permitiendo que te cause estrés en tu vida. Usted ve, muchos de los problemas que enfrentamos que nos causan una gran cantidad de estrés son de creación propia. La meditación te ayudará a identificar estos problemas de creación propia y te ayudará a neutralizar el estrés con el que te enfrentas en el día a día, asegurando que no afecte tu energía.

La meditación es diferente a las bebidas que aumentan la energía porque no desaparecen, lo que hace que te sientas totalmente agotado, pero en cambio, cambia la forma en que funciona tu cuerpo, de la misma manera que lo hace el ejercicio, brindándote energía sostenida durante un largo período de tiempo. .

Si desea tener la energía que necesita a diario, debe dormir lo suficiente cada noche. El problema es que muchas personas están tratando de aliviar el estrés en sus vidas al dormir menos para hacer más. Incluso cuando intentan irse a dormir a una hora decente, siempre que una persona esté estresada y sienta que debería estar haciendo más, no podrá dormir la cantidad correcta cada noche. Incluso si no puede dormir ocho horas cada noche, si tuviera que dormir tranquilo y sin preocuparse por las cosas que necesita hacer, podrá dormir bien durante la noche. Ya sabemos que podemos reducir nuestro estrés con la meditación y que la meditación ayuda a reducir la cantidad de tiempo que pasamos preocupándonos. Además, la meditación antes de acostarse puede ayudar al cuerpo a producir melatonina de forma natural, lo que todos sabemos nos ayuda a dormir más tranquilos. Este hecho significa que gracias a la meditación, podremos experimentar un sueño más tranquilo y pacífico. Hacerlo significa que se va a despertar fresco y listo para comenzar su día, en lugar de agotarse y abrumado.

El último beneficio para la salud del que quiero hablar en este capítulo es la pérdida de peso. Muchas personas con sobrepeso sufren de una alimentación emocional. Si bien la dieta y el ejercicio lo ayudarán a perder peso, es posible que todavía tenga dificultades para bajar el exceso de peso. Lo que puede encontrar beneficioso para su rutina de ejercicios y una alimentación saludable es la meditación.

La mayoría de las personas aumentan de

peso cuando pasan por algo traumático en sus vidas o cuando están bajo mucha presión. Permiten que sus estados de ánimo los controlen en lugar de aprender a controlarse a sí mismos. La meditación ayudará a garantizar que tomes el control de tu vida y que estés consciente de los pensamientos que tienes y de tus acciones.

Este despertar significa que en lugar de comer sin pensar todo el día o pastar sin estar realmente consciente de lo que está haciendo; Te volverás consciente de las acciones que estás realizando. No solo va a ser más consciente de sus acciones, sino que también va a darse cuenta conscientemente de por qué se está comportando de esta manera, por qué está comiendo en exceso y con qué problemas deben tratarse.

Por supuesto, esto reducirá la cantidad de alimentos que ingiere, la cantidad de calorías que ingiere cada día, porque cuando se dé cuenta de lo que está haciendo, comenzará a tomar medidas para detenerlo.

La meditación te enseñará cómo ser testigo de las cosas que están sucediendo en tu vida, así como del mundo que te rodea, pero también te enseñará cómo no juzgar la situación o las personas en la situación. . Esto incluye no juzgarte a ti mismo.

Esto le permitirá ir más allá de las cosas que sucedieron en el pasado y ayudará a reducir la cantidad de comidas emocionales en las que participa.

Hubo un tiempo en que había un estigma sobre la meditación; se pensaba que era algo que no era beneficioso, pero era para personas del tipo de las nuevas edades. Hoy en día, muchas personas están empezando a comprender cómo la meditación puede ayudarlos en sus vidas, principalmente porque el estigma ya no existe. Sin embargo, todavía hay quienes te miran de lado cuando hablas de meditación, pero no debes permitir que eso te afecte.

La meditación puede afectar literalmente a cada área de tu vida. Puede afectar la forma en que trabaja, la forma en que ve a las personas con las que interactúa a diario, la forma en que se ve a sí mismo, sus niveles de productividad, su peso y su salud.

Además de todo esto, la meditación puede ayudarte cuando se trata de tu vida espiritual, que es de lo que quiero hablar en el próximo capítulo.

CAPÍTULO 4

ESPIRITUALIDAD Y MEDITACIÓN

Nosotros como humanos somos cuerpo, mente y espíritu. Muchas personas se enfocan en una sola área de sí mismas cuando se trata de tratar de encontrar la felicidad en sus vidas. La mayoría de las personas se enfocarán en su ser físico, con la esperanza de que todo lo demás caiga en su lugar, pero nunca podrá encontrar la verdadera felicidad y el equilibrio en su vida si no se está enfocando en usted como un todo, es decir, su mente, su cuerpo y espíritu.

Ya hemos hablado en este libro sobre cómo la meditación puede ayudar a su salud mental, cómo puede ayudar a su salud física, pero también quiero tomarme el tiempo para concentrarme en su salud espiritual.

Cuando muchas personas piensan en la salud espiritual, piensan en la religión organizada, y en la época actual, este hecho puede hacer que muchas personas dejen de lado su salud espiritual.

Si bien la religión puede ayudar a mejorar la salud espiritual hasta cierto punto, no es la única parte de ser espiritualmente saludable.

Cuando pienses en tu salud espiritual, debes pensar en cosas como la esperanza, el amor, la paz y un propósito en la vida. Un factor común cuando se trata de la salud espiritual es la idea de que hay algo más grande por ahí.

Ya sea que esta entidad sea Dios, el universo o como quieras llamarlo, parte de la salud espiritual es comprender que eres parte de algo más grande. Ahora, sé que van a haber aquellos que ya están rodando los ojos, pensando que esto es un empuje de la religión, sin embargo, no lo es.

Sería un mundo triste vivir si nunca pensáramos en nosotros mismos como parte de algo más grande que solo nosotros mismos. Incluso si es solo que nos consideramos parte de la raza humana o parte del mundo en general, es importante identificarnos con algo que es más grande que nosotros.

Entender que somos parte de algo más grande nos ayudará a encontrar un propósito en nuestras vidas, nos ayudará a dar sentido y nos ayudará a encontrar el equilibrio en nuestras vidas.

Por supuesto, no todo esto es necesario para que estemos espiritualmente sanos. Sin embargo, al comprender estos conceptos y abordar nuestra salud espiritual, también estaremos afectando nuestra salud mental y física.

A medida que usamos la meditación para conectarnos con ese algo más grande en el que hemos aprendido a creer, nos encontraremos elevándonos a un estado elevado de conciencia. Encontrarás que amas más profundo, juzgas menos, demuestras sabiduría y te conectas de manera profunda con el universo que nos rodea.

Por supuesto, usted no tiene que ser una persona espiritual y no tiene que preocuparse por su salud espiritual, del mismo modo que no tiene que preocuparse por su salud mental o física. Pero le aseguro que si descuida su salud espiritual, todas las otras áreas de su vida también se verán afectadas.

Una de las grandes cosas de la meditación es que no tiene que elegir conscientemente mejorar su salud espiritual. Mientras medita y mejora su salud mental y física, su salud espiritual también mejorará, ya sea que lo intente o no.

Es genial si eliges mejorar tu conciencia espiritual y tu salud porque solo mejorará tu salud y tu vida en general. Eso es, después de todo, lo que todos queremos, ¿no es así?

La verdad es que las personas recurren a la meditación durante los momentos más difíciles de su vida porque simplemente no tienen idea de dónde acudir. La meditación suele ser un último esfuerzo cuando una persona siente que ya no puede aguantar más. De repente, después de que comienzan a meditar, se dan cuenta de que las cosas no estaban tan mal como parecían en ese momento. De hecho, no solo pueden manejar las cosas mucho mejor, sino que también se sienten mejor físicamente y se sienten más conectados con el universo, el mundo y el poder superior en el que creen.

CAPÍTULO 5

POR QUÉ LAS PERSONAS DEJAN DE MEDITAR Y CÓMO CONVERTIRLO EN UN HÁBITO

Lo veo todo el tiempo. La gente comienza a meditar, su vida va asombrosamente, entonces, de repente, se detienen. Entonces, si la meditación fuera tan buena, por qué alguien se detendría, muchos lo preguntarían, y eso es lo que pretendo responder en este capítulo.

La vida está llena de cambios. De hecho, hay cambios que tienen lugar todos los días en todas nuestras vidas, pero la razón principal por la que la mayoría de las personas dejan de meditar es la de un gran cambio en sus vidas para el que no están preparados.

Estos cambios pueden ser más horas de trabajo, un cambio en la composición de la familia o incluso el cambio de trabajo. Los cambios que normalmente hacen que las personas dejen de meditar son los que tienen lugar cuando no estamos preparados para hacerlo.

Cuando las personas saben que el cambio va a suceder en sus vidas, generalmente hacen todo lo posible para prepararse para ellas. Sin embargo, cada cambio que ocurre en nuestras vidas conduce a otros cambios que conducen a otros cambios y así sucesivamente. Nadie puede prepararse totalmente para todos los cambios que van a ocurrir en sus vidas.

Esto significa que cuando estos cambios ocurren, especialmente si son abrumadores, es posible que la persona no haya planeado por adelantado para ellos. A menudo, los cambios tienen mucho que ver con la forma en que la persona pasa su tiempo y se ven obligados a cortar algunas de las cosas que disfrutan en su vida. La mayoría de las veces, las personas abandonan erróneamente la meditación.

Otra razón que causa que las personas dejen de meditar es que la técnica que están usando ya no se ajusta a la vida que está viviendo. A medida que crezcas y te desarrolles en la vida, encontrarás que hay ciertas cosas que ya no encajan en tu vida como antes. Ciertas cosas también tendrán que cambiar, siguiendo los cambios que suceden en su vida.

Tienes que pensarlo mucho de la misma manera que lo harías con la vida en general. A medida que creces de bebé a adulto, ciertas cosas cambian, y hay ciertas cosas que ya no encajan en tu vida como solían hacerlo.

La meditación es la misma. A medida que evolucionas en la vida, debes asegurarte de que tus técnicas de meditación también evolucionen. Por ejemplo, si comienzas a meditar para reducir o superar la depresión, una vez que hayas superado la depresión, querrás asegurarte de que tus técnicas de meditación evolucionen y te permitan seguir adelante con tu vida.

La razón final por la que la mayoría de las personas deja de meditar es que no se han acostumbrado a meditar. Al igual que cualquier otro hábito en la vida, si no se asegura de estar meditando todos los días hasta que se convierta en parte de su rutina diaria, no podrá seguirla.

Piense en la última vez que intentó hacer un cambio en su rutina diaria. Lo más probable es que no se adhiriera a estos cambios porque no hizo estos cambios en hábitos. Vamos a hablar más adelante en este capítulo sobre cómo puede desarrollar el hábito de meditar todos los días para que pueda obtener los mejores resultados posibles, pero antes de entrar en eso, quiero hablar un poco sobre lo que sucede cuando se detiene. meditando Muchas personas dejan de meditar por muchas razones diferentes; a menudo es porque sentarse, no hacer nada y concentrarse en nada no parece ser una forma productiva de pasar su tiempo. Se encuentran pensando en todas las otras cosas que se pueden hacer y la meditación simplemente cae a un lado. Cuando esto sucede, las personas tienden a tener la misma experiencia y pueden sacar lo mejor de ellas o pueden empujarlas de nuevo a la meditación.

Una de las cosas más importantes que las personas notan cuando dejan de meditar es que tienen cada vez menos energía a medida que pasan los días. Esto no se nota de inmediato porque sucede poco a poco, pero a medida que pasan los días, aquellos que han dejado de meditar encuentran que están agotados, son menos productivos y simplemente no tienen la energía que solían tener.

Lo siguiente que sucede cuando las personas dejan de meditar es que descubren que son menos pacientes con las personas que las rodean y tienen un genio más corto. Su cuerpo necesita esos pocos minutos cada día para relajarse, y cuando no lo logra, se estresa demasiado, lo que significa que se vuelve menos paciente. Encontrarás que las pequeñas cosas de la vida que nunca te molestaron antes te irritan ahora hasta el final.

La tercera cosa que la mayoría de las personas notan cuando dejan de meditar es que les cuesta mucho tomar decisiones. Les cuesta entender los pros y los contras de cualquier decisión; los detalles se vuelven borrosos, y nada parece tener mucho sentido. A menudo, se puede sentir como si una niebla hubiera caído sobre ti. No pueden pensar de pie y les resulta difícil decidir qué deben decir. La meditación despeja la mente y permite que una persona piense con claridad, pero cuando la persona deja de meditar, es casi como si se hubiera quitado las gafas, simplemente no puede ver las cosas con claridad.

Las personas tienden a sentirse muy inseguras cuando dejan de meditar.

Cuando una persona practica la meditación, tienden a sentirse más satisfechos con su vida y felices con lo que son como personas. Tienden a no buscar la aprobación de los demás y, a menudo, se contentan con hacer las cosas por su cuenta. Por supuesto, no se convertirá en una persona indefensa o necesitada si pierde una sesión de meditación, pero la mayoría de las personas descubren que comienzan a cuestionarse a sí mismas cuando comienzan a perder sesiones de meditación.

Encontrar alegría en las pequeñas cosas de la vida es uno de los mayores beneficios de la meditación. Es casi como si alguien te hubiera dado una píldora feliz y pudieras mirar todo en la vida y encontrar una gran alegría en ella. Cuando dejas de meditar, no notas estas pequeñas cosas. No apreciarás las cosas pequeñas de la vida que a menudo te llevan a no apreciar las cosas más grandes de la vida. La gratitud es vital para vivir una vida feliz y plena, pero cuando dejas de meditar, descubrirás que cada vez tienes menos gratitud a medida que pasan los días.

La meditación es una gran manera para que te sientas motivado. Es sorprendente la cantidad de meditación que puede motivarlo a hacer las cosas que necesita hacer en su vida. Sin embargo, cuando dejas de meditar, tu lista de tareas solo parece desaparecer mientras terminas acurrucado en el sofá participando en un maratón de Netflix.

Hablé anteriormente sobre cómo la meditación puede ayudar a frenar la alimentación emocional y cómo puede hacerte más consciente de tus acciones que pueden ayudarte a perder peso. Cuando deje de meditar, descubrirá que está comiendo más de lo que estaba antes de meditar y que está comiendo más alimentos que no son buenos para usted. Por supuesto, esto arruinará todos sus esfuerzos para estar saludable y perder peso, lo que puede llevar a la depresión, así como a muchos problemas de salud.

Detener la meditación puede hacer que una persona se sienta mal en general y cuestione cada decisión que haya tomado en sus vidas. Es posible que descubra que ni siquiera sabe en qué dirección debe moverse. Finalmente, una persona que deja de meditar encontrará que se siente menos satisfecha en la vida. Hablé anteriormente en el libro sobre cómo la meditación te ayuda a encontrar tu propósito en la vida. Sin embargo, algo extraño sucede cuando dejas de meditar; Tiendes a olvidar cuál es ese propósito. Cuando no te sientas satisfecho en tu vida, te dejará con ganas de más, pero debido a que te falta motivación, no vas a saber qué más es eso. A menudo, esto puede hacer que hagas menos cosas. Las personas parecen alejarse de la vida cuando dejan de meditar, lo que puede parecerse a la depresión y, a menudo, puede conducir a la depresión porque saben que no están a la altura de su potencial. Sin embargo, me parece extraño que la mayoría de las personas no se den cuenta de que lo único que ha cambiado en su vida fue que dejaron de meditar y se atoran en su cerebro tratando de descubrir qué fue lo que salió mal. Por eso creo que es importante que sepa qué sucede cuando deja de meditar. Es completamente comprensible que haya días en los que simplemente no se puede meditar. La vida pasa, y no hay nada que podamos hacer respecto a las interrupciones en nuestro horario. Sin embargo, cuando las cosas empiezan a ir mal después de que hayas dejado de meditar por un momento, quiero que puedas reconocer cuál es el problema.

Muchas personas meditan como una

forma de motivarse. Sin embargo, tienden a tener que enfrentar el problema de carecer de la motivación para meditar. Esto puede ser un gran enigma, por lo que debe saber cómo hacer de la meditación un hábito si quiere tener éxito en su uso. Usted ve, sabemos que la meditación es buena para nosotros, sin embargo, nuestras vidas están muy ocupadas y nuestras actividades se interponen en el camino. Lo mismo sucede cuando intentamos comenzar a hacer ejercicio o cuando intentamos hacer cambios en nuestras vidas.

La mayoría de las personas trabajan al menos 40 horas a la semana, ya sea fuera de la casa o en la casa. Este hecho a menudo significa que cuando llegan a casa por la noche, se ocupan de sus tareas domésticas, de su familia y cenan, están listos para colocarse frente al televisor y no moverse hasta que tienen que irse a la cama. Este tipo de estilo de vida hace que las personas se sientan insatisfechas y, a menudo, deprimidas.

Para hacer de la meditación un hábito, primero debes dedicarte a meditar de forma regular. Sugiero meditar durante 15-30 minutos cada día, 7 días a la semana. Debería convertirse en parte de su rutina diaria, igual que lavarse los dientes o ducharse. Debería hacerse automático.

El siguiente paso es elegir qué tipo de técnica de meditación vas a utilizar. Muchas personas comienzan a usar la meditación guiada, sobre la que aprenderemos más adelante en este libro. La meditación guiada es la forma más fácil de meditación para la mayoría de las personas, especialmente cuando están empezando. Una vez que haya aprendido a usar la meditación guiada, puede pasar a otras técnicas.

El segundo paso para hacer de la meditación un hábito es encontrar un área que puedas dedicar a la meditación. Personalmente, me gusta meditar en mi escritorio temprano en la mañana antes de comenzar mi trabajo por el día. Tan pronto como me siento en mi escritorio con mi taza de café, sé que estaré meditando, comenzando mi día libre exactamente como necesito para asegurar mi éxito.

Puedes elegir cualquier lugar en el que te

gustaría meditar siempre y cuando sea un lugar donde te sientas cómodo. A la mayoría de las personas que meditan antes de acostarse les gusta hacerlo mientras están en sus camas. Debido a que la meditación es tan relajante, muchas personas descubren que se duermen mientras están meditando, y esto está perfectamente bien.

Otras personas elegirán un área especial en el hogar, a menudo iluminada con velas y posiblemente con un poco de música ligera de fondo.

El área que elija dependerá de la hora del día en que esté meditando. Si medita en la noche, querrá un área que lo ayudará a calmar su cuerpo y prepararse para la cama. Si se prepara para comenzar el día, querrá meditar en un área que lo despertará y lo ayudará a comenzar su día.

No quiere meditar en su cama por la mañana porque quiere que su cama se asocie con el sueño. Si meditas en tu cama a la hora de la mañana, es probable que te vuelvas a dormir, y esto va a derrotar el propósito de la meditación porque cuando finalmente te levantes de nuevo, estarás atrás y estresado por quedarse dormido.

Una vez que elija el área y el tiempo que meditará cada día, es importante que escriba esa hora en su agenda. La mayoría de nosotros vivimos nuestras vidas por un horario diario. Es lo que nos mantiene en el camino y lo que nos informa de qué tareas deben completarse a qué hora y en qué día. La mayoría de nosotros también entendemos que si no escribimos algo en nuestro calendario, no va a suceder, y es por eso que es vital para su éxito cuando comienza a meditar para asegurarse de que tenga tiempo para meditar diariamente.

Durante el primer mes de meditación, tendrá que obligarse a usted mismo simplemente a meditar. Ahora, eso no es tan difícil como podría sonar. Sí, durante los primeros días de la primera semana, es posible que no creas que algo está sucediendo y que tengas la tentación de rendirte, pero después de la primera semana, comenzarás a ver resultados que te harán mucho más fácil de construir. El hábito de meditar.

Durante los primeros 30 días, querrá

asegurarse de no faltar a una sola sesión de meditación. La razón de esto es porque toma 30 días para que usted construya un hábito. Si pierde un día dentro de este período de 30 días, debe comenzar esos 30 días más.

Cuando creas el hábito de meditar, debes asegurarte de no intentar crear o romper ningún otro hábito. Las personas naturalmente luchan contra el cambio en sus vidas, está en su naturaleza y no hay nada que puedas hacer al respecto. Esto sucede incluso cuando sabemos que el cambio es bueno para nosotros.

Crear o romper un hábito a la vez, aumenta sus posibilidades de éxito porque cuando intenta cambiar más de una cosa en su vida a la vez, va a causar mucho estrés en su vida y rápidamente se sentirá abrumado. Esta es la razón por la que muchas personas se rinden antes de ver resultados que cambian la vida cuando intentan crear algún hábito.

Cuando intenta hacer un hábito de meditar, realmente necesita dejar de lado cualquier pensamiento preconcebido sobre lo que realmente es la buena meditación. La buena meditación es cualquier meditación que hagas que ayude a tu cuerpo y tu mente a relajarse, permitiéndote alejarte de los factores estresantes con los que tienes que lidiar en tu vida.

Esto no debe pensarse como huir de sus problemas, sino que debe pensarse como la manera perfecta para que usted resuelva sus problemas. La meditación no significa que simplemente nos olvidemos de las cosas que causan estrés en nuestras vidas, significa que nos tomamos un tiempo libre, lejos de estos factores estresantes. Después de todo, ¿no nos merecemos un tiempo libre?

Si realmente desea hacer de la meditación un hábito, puede usar una técnica llamada hábito de apilamiento. Aquí es donde usas un hábito que ya tienes para activar el nuevo hábito que intentas crear.

Por ejemplo, cada mañana, sabía que me iba a levantar y tomar una taza de café en mi escritorio antes de ir al trabajo. Utilicé este hábito para activar la meditación, de modo que ahora, cuando voy a mi escritorio cada mañana, no tengo que pensar en meditar; No tengo que querer meditar, y no tengo que preocuparme por el tipo de humor en el que estoy. No tengo que tomar la decisión de meditar porque se ha convertido en algo automático para mí.

También puede hacer esto, meditando cada día después de que ya haya completado una tarea que ya tiene la costumbre de hacer, como lavarse los dientes. Sabes que vas a lavarte los dientes todos los días y puedes usar este hábito como un activador para la meditación al practicar la meditación inmediatamente después de lavarte los dientes durante al menos 30 días.

Crear un hábito de meditar, o cualquier hábito, no tiene por qué ser difícil. Si realmente desea crear el hábito y sigue los pasos que le he dado en este capítulo, encontrará rápidamente que la meditación es una parte natural de su vida.

NECESITO TU AYUDA

Realmente quiero agradecerte nuevamente por leer este libro. Esperemos que les haya gustado hasta ahora y que hayan estado recibiendo valor de ello. Se hizo un gran esfuerzo para asegurarse de que le brinde el mayor contenido posible y de que cubra todo lo que pueda.

Si ha encontrado útil este libro, me gustaría pedirle un favor. ¿Sería lo suficientemente amable como para dejar un comentario en Amazon?

[Haga clic aquí para dejar un comentario en Amazon](#)

CAPÍTULO 6

TIPOS DE TÉCNICAS DE MEDITACIÓN

Ahora que conoce los sorprendentes beneficios de la meditación, probablemente se esté preguntando cómo se supone que realmente debe meditar. La buena noticia es que existen docenas de técnicas de meditación, por lo que seguramente encontrará una que se adapte a sus necesidades. La mala noticia es que debido a que existen muchas técnicas, simplemente no puedo cubrirlas todas en un capítulo de un libro.

Sin embargo, haré todo lo posible para cubrir las técnicas de meditación más populares. Discutiré más sobre cómo puede hacer estas técnicas, desglosándolas paso a paso más adelante en este libro, pero para este capítulo, simplemente quiero discutir las técnicas, así como explicar cómo benefician a la persona que medita.

Quiero comenzar hablando de meditación de atención plena. La meditación de atención plena es un tipo de meditación en la que te enfocas completamente en el presente en lugar de distraerte por lo que pueda suceder en el futuro o desanimado por el dolor que sentiste en el pasado. Durante este tipo de meditación, si bien se centrará en ser consciente del presente, también evitará juzgar cualquiera que sean sus circunstancias actuales.

La meditación de atención plena también es una excelente manera para que una persona se conozca a sí misma. Tanta gente que está viva hoy realmente no tiene idea de quiénes son. Saltan de una relación a otra tratando de llenar un agujero en lo profundo de ellos, pero esto nunca funciona. El problema es que no saben quiénes son. Saben qué trabajos tienen que hacer, cuáles son sus responsabilidades, pero no se define quiénes son. Al usar la meditación de atención plena, puedes aprender quién eres realmente fuera de lo que haces cada día.

La meditación de atención plena se ha utilizado durante miles de años y se originó en la India cuando Buda practicó la técnica y pudo recordar todas sus vidas pasadas. Se dice que fue a través de la meditación de atención plena que Buda se iluminó y comenzó a comprender el despertar de sí mismo.

El entorno, la mirada, la postura e incluso la forma en que respiran las personas son muy importantes cuando se trata de la meditación consciente. La meditación de atención plena se recomienda para cualquier persona que quiera tener una comprensión más profunda de uno mismo, así como de aquellos que están luchando contra el dolor, el dolor, la depresión, la desesperación, todos los problemas mentales y físicos, y para aquellos que desean asegurarse de que están en El camino correcto en la vida.

Muchas personas creen que la meditación de atención plena es el mejor tipo de meditación, y muchas veces se preguntan por qué usarían algún otro tipo de meditación. La respuesta a esa pregunta es que, si bien la meditación de atención plena es una técnica muy buena de usar, no es una técnica única para todos. Hay muchas otras técnicas que puede utilizar, y cada una de ellas depende del tipo de situación con la que tenga que lidiar en su vida y de lo que sienta que necesita superar.

Es casi imposible para mí decirte qué tipo de meditación necesitas para comenzar a practicar porque me es imposible conocer todos los pequeños detalles que pertenecen a tu vida.

Para comprender si la meditación de la atención plena es adecuada para usted, primero tenemos que determinar exactamente a qué se refiere la atención plena. La atención plena describe el estado mental que debe alcanzar durante este tipo de meditación. Describe la capacidad de mantenerse alerta en el momento y solo se centra en lo que está sucediendo en su vida en el presente. Si necesita resolver algunos problemas que sucedieron en el pasado, la meditación de atención plena es una excelente manera de enfocarse en el ahora, pero no lo ayudará a resolver algo que le ha sucedido anteriormente.

Muchas personas confunden la meditación de atención plena con la meditación enfocada. Sin embargo, no son lo mismo. La meditación enfocada es una técnica mucho más fácil que muchas de las técnicas tradicionales de meditación porque le permite enfocarse en un objeto o sonido para despejar su mente.

La meditación enfocada es una de las técnicas de meditación que cualquiera puede aprender, y no tienen que tener un instructor de meditación para hacerlo. Cuando una persona practica meditación enfocada, se enfoca en un objeto, sonido o respiración para despejar su mente, apagar el diálogo interno y permanecer en el momento presente.

La mayoría de las personas que están comenzando a meditar descubren que la meditación enfocada es mucho más fácil para ellos porque les permite enfocar su mente en un objeto en lugar de tratar de despejar su mente sin tener nada en qué enfocarlo.

Muchas personas optan por concentrarse en el sonido de un metrónomo, el olor de su incienso favorito, una imagen favorita o incluso el sonido de su respiración para concentrarse mientras practican la meditación enfocada.

Es importante que entiendas que cuando comiences a usar la meditación enfocada, querrás comenzar con sesiones muy cortas. Las sesiones de cinco minutos son una excelente manera de comenzar, agregando cinco minutos por semana hasta que trabaje hasta sesiones de treinta minutos.

La razón de esto es porque su mente no está acostumbrada a centrarse en una cosa durante un largo período de tiempo.

Vivimos en un mundo en el que nunca pasamos más de unos momentos enfocándonos en una cosa en particular sin que nos distraiga otra cosa.

La meditación enfocada lo ayudará a aprender cómo enfocarse, no solo mientras está meditando, sino en su vida cotidiana. Cuando puede concentrarse en la tarea en cuestión, distraerse con menos frecuencia, encontrará que las cosas que necesita hacer se hacen mucho más rápido que antes y son de mayor calidad.

Cuando empieces a enfocarte en la meditación, tendrás que calmar esa voz interior que tienes. Lo que encontrarás es que mientras intentas enfocarte, tu mente intentará sacar a relucir todas las cosas malas que sucedieron ese día, esa semana o en tu vida. Hará todo lo posible para evitar que se relaje por completo. Tienes que tomar el control de tu mente en lugar de dejar que te controle. Esta es la única manera de encontrar la paz a través de cualquier tipo de meditación.

La mayoría de las personas que recién comienzan a meditar comienzan con lo que se llama meditación guiada. La meditación guiada es simplemente la meditación que se realiza con la ayuda de un guía, a menudo una grabación.

La meditación guiada es una de las maneras más fáciles de meditar, y es una de las formas más rápidas para que una persona alivie su estrés mientras realiza cambios personales positivos en su vida.

Para participar en la meditación guiada,

puede ir a una clase o simplemente puede buscar un video en YouTube. Si está escuchando videos de meditación guiada en Internet, es mejor hacerlo con los auriculares puestos, la mayoría de las veces esto se mencionará en el video al principio, ya que el instructor le dice cómo prepararse para su sesión.

Estas sesiones pueden durar de 15 minutos a 1 hora y durante estas sesiones, el instructor le dirá en qué debe centrarse, a menudo repitiendo afirmaciones para ayudarlo a cambiar su forma de pensar a nivel subconsciente, lo que le permitirá realizar Cambios positivos en tu vida.

Cuando está buscando la meditación guiada perfecta, es posible que deba probar algunos antes de encontrar la adecuada para usted. La razón de esto es porque desea asegurarse de que la música de fondo sea relajante para usted, y querrá asegurarse de que la voz del instructor no le moleste. Cada uno de nosotros oye de manera diferente; una voz aguda puede ser relajante para algunos, mientras que otros encuentran que una voz profunda es más suave. Esta es una preferencia personal, y dado que hay miles de meditaciones guiadas disponibles en línea, seguramente encontrará una que sea adecuada para usted.

Otro gran beneficio de la meditación guiada es que puedes elegir en qué quieres enfocarte durante la meditación. Por ejemplo, si tiene dificultades para ser productivo en su vida diaria, hay meditaciones guiadas que se centran en eso, o si está tratando de ser una persona más positiva, también puede buscar una meditación para eso. . Hay meditaciones guiadas disponibles para cualquier problema que pueda enfrentar en su vida.

También puede escuchar estas meditaciones mientras duerme cada noche para dormir mejor y comenzar de nuevo al día siguiente.

La mayoría de los otros tipos de meditación requerirán que concentre su mente en un objeto o en su respiración, sin embargo, cuando utiliza la meditación guiada, se concentra en lo que se dice, las palabras de la persona, su voz y la música que se reproduce en el fondo. Este método a menudo es mucho más fácil para las personas que recién comienzan porque descubren que no tienen esa voz interior que les molesta que se centren en otra cosa.

Si usted es el tipo de persona que tiene dificultades para acallar esa voz interior, tiene mucho estrés o tiene dificultades para calmar sus pensamientos, la meditación enfocada puede ser el mejor tipo de meditación para comenzar.

A algunas personas les resulta muy difícil quedarse quieto para meditar. Sienten que hay algo más que deberían estar haciendo y se sentirán culpables incluso si se sientan por unos momentos.

Para ese tipo de personas, la meditación caminando puede ser la mejor manera de comenzar. Cuando usas la meditación caminando, te centrarás en la acción de caminar para aclarar tu mente.

Por supuesto, habrá algunas diferencias entre la meditación caminando y la meditación sentada, un ser que debe mantener los ojos abiertos mientras practica la meditación caminando y otro ser que tiene que estar atento a cualquier peligro a su alrededor mientras practica meditación caminando

La mayor diferencia que experimenta la mayoría de las personas cuando practican la meditación caminando es que para ellos es mucho más fácil que si estuvieran sentados. Son capaces de ser conscientes de los sonidos que los rodean, el canto de los pájaros, el viento y el sol. La meditación caminando es muy beneficiosa para aquellos que están extremadamente estresados en sus vidas porque el ejercicio no solo ayudará a la persona a reducir la cantidad de estrés con la que tiene que lidiar, sino que también se beneficiará de la meditación.

La meditación caminando es ideal para aquellos que llevan un estilo de vida muy ocupado y desean asegurarse de que están haciendo suficiente ejercicio, así como tiempo para meditar. A muchas personas les parecerá que esta multitarea es ligeramente opuesta a la meditación, sin embargo, debido a que el cuerpo está en movimiento durante la meditación caminando, es mucho más fácil para la persona que está meditando enfocarse solo en el cuerpo y no en todo. Eso ha sucedido ese día.

Usted ve, cuando está sentado en silencio, tratando de concentrarse en el presente, un objeto o incluso cuando está utilizando la meditación enfocada, su mente tiende a divagar. Sin embargo, cuando practicas meditación caminando, lo único en lo que se enfoca tu mente es un paso después del siguiente, y es muy raro que algo más llame tu atención.

Después de practicar la meditación caminando, descubrirá que está más relajado de lo que podría imaginar y duerme mucho mejor por la noche, lo que ayuda a su cuerpo a lidiar con el estrés que enfrenta cada día.

CAPÍTULO 7

CÓMO CONFIGURAR UN ENTORNO DE MEDITACIÓN

Configurar tu entorno de meditación y prepararte para la meditación son muy importantes. Por supuesto, si practica meditación caminando, el mundo es su entorno de meditación, sin embargo, si practica cualquier tipo de meditación sentada, tendrá que crear un entorno que le permita sacar el máximo provecho de sus sesiones de meditación.

Imagina lo maravilloso que sería tener un área dedicada para usar en la curación de tu mente, cuerpo y espíritu. Eso es exactamente lo que vas a crear cuando empieces a configurar tu entorno de meditación. Ahora, no me malinterpretes, no tienes que tener una casa enorme, no tienes que dedicar un cuarto entero a tu área de meditación. La verdad es que incluso un pequeño rincón funcionará siempre que sepa cómo configurarlo correctamente y eso es exactamente lo que le enseñaré en este capítulo.

Lo primero que debe comprender es que no hay reglas reales cuando se trata de establecer un entorno de meditación. Sin embargo, hay algunas cosas que debe tener en cuenta, formas en las que puede crear un entorno amoroso y despreocupado que lo ayudará a alcanzar un verdadero estado de relajación mientras está meditando.

Lo primero que debes hacer es encontrar un espacio que te haga sentir bien.

Muchas personas no quieren establecer su área de meditación en su oficina porque no es un área que les brinde paz. A menudo, lo contrario es cierto, la oficina en casa puede ser un lugar para trabajar y pagar facturas, pero no es un lugar donde la gente encuentre la relajación.

El área que elija debe estar libre de tráfico y debe ser un área tranquila que no esté llena de distracciones. La sala también debe tener acceso a la luz natural. Si no puede encontrar un espacio en su hogar que cumpla con todos estos requisitos, es posible que desee considerar la creación de un área en su terraza o incluso crear un espacio en su jardín solo para meditar. Si elige meditar afuera, debe asegurarse de que sea un área donde se sentirá cómodo y libre de las miradas indiscretas de los vecinos entrometidos.

El siguiente paso para crear su entorno de meditación es limpiarlo y deshacerse del desorden. Todos tenemos desorden en nuestras vidas. Sin embargo, debes asegurarte de que tu entorno de meditación esté libre de desorden porque puede distraer mucho mientras intentas meditar. Esto es especialmente cierto si usted es el tipo de persona que le gusta un espacio limpio.

Considere vaciar todo lo que esté fuera del espacio y buscar un hogar diferente para que cuando termine de crear su entorno de meditación, los únicos elementos que se encuentran en el área son aquellos que mejoran su capacidad para meditar.

Incluso si solo utiliza un pequeño rincón de una habitación, debe considerar buscar un lugar diferente para los elementos que se encuentran actualmente en esa área y dedicar ese pequeño espacio solo para meditar.

Si su espacio está dentro, también debe considerar traer algunos elementos externos. La naturaleza ayuda a las personas a relajarse naturalmente; Es por eso que muchas personas se sienten mejor cuando están cerca de la naturaleza. Quite las cortinas de las ventanas, agregue algunas flores frescas cortadas, arena en frascos, conchas, plantas o una fuente de agua.

Una pequeña fuente de agua es algo que debe considerar usar en su sala de meditación, ya que podrá relajarse con el sonido del agua que se filtra a través de la fuente, y este sonido relajante ayudará a disipar cualquier ruido de fondo, como el televisor. Niños jugando o traficando afuera.

Ahora es el momento de que pienses en la música de fondo que deseas escuchar mientras estás meditando. Por supuesto, si estás practicando meditación guiada, esto no es algo de lo que tengas que preocuparte en este momento porque las meditaciones guiadas ya tienen música de fondo. Sin embargo, si practica meditación de atención plena u otras técnicas de meditación, querrá considerar cómo desea reproducir la música y qué música se reproducirá.

La simple compra de un reproductor de CD barato y un CD de música clásica le proporcionará la música de fondo que necesita mientras medita. Es importante que escuches música que no tiene letra y que no es música que escucharías fuera de la meditación.

La razón de esto es que, si bien todos amamos la música, puede ser una gran distracción; no desea que se reproduzca su música pop favorita o hard rock mientras intenta meditar, ya que puede que quiera cantar, y mucho menos los diversos pensamientos que podrían crear las letras.

La música clásica no solo lo ayudará a meditar, sino que también le brindará otros beneficios. Se ha demostrado que la música clásica aumenta la motivación, mejora el sueño, alivia el dolor, mejora el estado de ánimo de una persona al tiempo que reduce el estrés y mejora el coeficiente intelectual de una persona.

No se requiere música clásica mientras que se recomienda. Podrías escuchar el sonido del océano; Sonidos de la naturaleza, como el canto de los pájaros o cualquier otro sonido que encuentre relajante. Debes asegurarte de que la pista que estés escuchando sea lo suficientemente larga como para que no tengas que detener la sesión y presionar reproducir o cambiar el disco. No quieres que te interrumpan mientras estás meditando.

También puede decidir que desea agregar el elemento de aromaterapia. La aromaterapia es el uso de aceites esenciales para ayudar a calmar la mente, el cuerpo y el alma. Los aceites esenciales como la menta, la lavanda y la manzanilla son excelentes para usar mientras medita, no solo para relajar su mente, sino también su cuerpo.

Los aceites esenciales no solo son capaces de ayudarlo a relajarse, sino que los estudios han demostrado que el uso de aceites esenciales también tiene muchos otros beneficios, como reforzar el sistema inmunológico, aliviar el dolor y reducir el estrés.

A continuación, deseará agregar algunos toques personales a su espacio de meditación. No desea un espacio que no se sienta como parte de quién es usted o que no pertenezca a su casa. En cambio, desea que su espacio sea cómodo y que contenga algunas de sus pertenencias personales.

Sin embargo, debes asegurarte de no estar abarrotando el espacio porque esto hará que tu mente se llene de gente mientras intentas meditar. En vez de eso, mantenga el área despejada de demasiado desorden, mantenga las líneas limpias y use solo unas pocas piezas a la vez.

Recuerde, puede intercambiarlas por otras piezas en una fecha posterior si encuentra algo que quiera poner en su área de meditación. Sin embargo, no debe continuar comprando artículos para colocar en el área sin sacar nada.

Debe recordar lo importante que es para usted tener aire fresco en su área de meditación. Por supuesto, la aromaterapia es beneficiosa, pero también debe asegurarse de tener acceso a aire fresco en su entorno de meditación. Si su entorno de meditación está al aire libre, esto no será un problema, sin embargo, si tiene un espacio de meditación en el interior, puede ser un poco más difícil.

Si está en una habitación con ventanas, simplemente abrir una ventana y encender un ventilador mientras está meditando le proporcionará suficiente aire fresco. Por otro lado, si su área de meditación no tiene ventanas, puede considerar comprar un purificador de aire y un ventilador de pie para asegurarse de que está recibiendo el aire fresco que su cuerpo necesita.

También debes pensar en el color de la

pintura en el área. Quieres que los colores sean calmantes, no brillantes o emocionantes. Debe recordar que desea que los colores de la habitación coincidan con el estado mental que intenta alcanzar, en otras palabras, desea que estén tranquilos.

La iluminación hará una gran diferencia cuando se trata del área de meditación. Anteriormente mencioné que debes probar y usar un espacio que te proporcione algo de luz natural. Si usa una cortina, debe estar hecha de una tela transparente que permita la entrada de luz, pero también le permita cierta privacidad. Si no hay luz natural en la habitación, deberá asegurarse de tener los accesorios de iluminación adecuados.

Dependerá de usted decidir qué tipo de iluminación desea, ya sea que sea brillante o tenue, debe elegir qué lo hace más cómodo y le ayuda a relajarse. Debes evitar las luces fluorescentes si es posible.

También debe asegurarse de que su área de meditación sea un espacio sin tecnología permitida. No debería haber teléfonos celulares ni ninguna otra tecnología, a excepción de en qué tocarás tu música o tu meditación guiada si eso es lo que estás usando.

Si tiene que tener su computadora portátil o tableta con usted para escuchar música o meditaciones guiadas, debe asegurarse de que solo la esté utilizando para ese fin. Nunca debe consultar su correo electrónico, acceder a las redes sociales o comenzar a navegar por la red en lugar de meditar en su entorno de meditación. Tienes el resto de tu hogar para completar estas tareas, no dejes que interfieran con tu espacio de meditación

A algunas personas les gusta encender velas mientras están meditando, otras encuentran que meditan mejor si están encerradas en el baño y disfrutando de un baño de burbujas. No importa dónde esté meditando, debe asegurarse de que sea un ambiente que lo relaje y le permita liberarse de todas las distracciones durante el proceso de meditación. También debe asegurarse de no ser interrumpido ni de que lo apuren durante sus sesiones.

Una vez que haya preparado su área de

meditación, debe prepararse para la sesión de meditación. Antes de comenzar a hablar sobre cómo puedes prepararte para la meditación, debes entender que estas no son reglas, son simplemente algunas formas en que puedes hacer que tus sesiones de meditación sean más efectivas.

No tiene que usar estas técnicas cuando se está preparando para meditar, de hecho, podría estar sentado en su oficina ahora mismo y meditar. Verás, puedes meditar en cualquier lugar y en cualquier momento. Sin embargo, cuando creas un entorno de meditación, como mencioné anteriormente, y sigues los consejos que te daré para ayudarte a prepararte para tu sesión de meditación, podrás beneficiarte aún más de tus sesiones.

Lo primero que debe hacer es planificar sus tiempos de meditación no antes de 1 hora después de haber comido. Si tiene que comer antes de meditar, debe asegurarse de que sea un bocadillo muy ligero y saludable. Comer una comida pesada y grasosa antes de meditar solo lo hará sentir cansado y no podrá concentrarse en la sesión de meditación.

Algunas personas también prefieren ducharse antes de meditar porque simboliza el lavado y la limpieza del cuerpo. Esta acción, por supuesto, no es necesaria. Sin embargo, puede ayudar a preparar la mente y el cuerpo para la meditación y ayudarlo a alcanzar un estado más relajado.

Cuando te estás preparando para meditar, debes asegurarte de llevar ropa cómoda. No deben estar demasiado apretados, y deben asegurarse de que no se calienta demasiado mientras está meditando, o demasiado frío tampoco.

A muchas personas les encanta hacer ejercicio antes de meditar porque les ayuda a relajar la mente y el cuerpo, preparándolos para el estado meditativo que intentan encontrar. También ayuda a despejar la mente, lo que le permite a la persona enfocarse solo en lo que está haciendo y ayuda a que la mente cambie de la jornada laboral a la hora de la casa. El ejercicio ayudará a garantizar que su cuerpo tenga el oxígeno que necesita, que su sangre fluya adecuadamente y que sus músculos se estiren. Si no quiere hacer ejercicio antes de meditar, debe asegurarse de tomarse unos minutos para estirar los músculos, ayudándolos a relajarse antes de comenzar a meditar.

También es posible que desee tomar un descanso de unos minutos antes de comenzar a meditar solo para preparar su mente para lo que está a punto de hacer. Es mejor que no salte de una tarea a otra sin tomarse unos momentos para permitir que su mente se adapte a la nueva tarea.

Esto es importante para que lo recuerdes mientras cambias de tarea en cualquier área de tu vida, pero es muy importante que recuerdes cuando comienzas a meditar. Permitir que su mente tenga unos minutos entre las tareas asegurará que pueda concentrarse solo en su sesión de meditación y no en la tarea en la que estaba participando antes de meditar.

Participar en ejercicios de respiración profunda es una excelente manera de preparar tu mente y tu cuerpo para una sesión de meditación. Enfocarse en la respiración profunda durante 10 a 15 respiraciones, inhalar por la nariz y por la boca, ayudará a relajar la mente y ayudará a su cuerpo a pasar de cualquier actividad que estuviera haciendo previamente a su sesión de meditación.

Independientemente de lo que elija para prepararse para la meditación, debe ser algo que encuentre relajante, algo que lo ayude a desviarse del estrés del día y al proceso de meditación.

CAPÍTULO 8

EJERCICIOS DE MEDITACIÓN, PASO A PASO.

La meditación nos puede ayudar de muchas maneras; puede ayudarnos a dormir mejor, reducir nuestro estrés, ayudarnos a ser más productivos y ayudarnos a pensar con mayor claridad, pero para que usted se beneficie de la meditación, primero debe saber cómo meditar correctamente.

Quiero comenzar este capítulo hablando sobre meditación de atención plena y guiándolos paso a paso. Es importante que entiendas que, si bien la meditación se puede practicar a la hora de acostarse, no es una técnica que te permita dormirte. En cambio, la meditación de atención plena está destinada a ayudarlo a estar más alerta, a concentrarse en las cosas que necesita hacer y aclarar su mente.

Comenzará yendo a su área de meditación, elija la música que desea tocar, encienda las velas, comience la aromaterapia, etc. Es mejor si tiene una almohada suave para sentarse, de modo que no ponga mucha presión sobre su columna vertebral.

Siéntate derecho, con las piernas cruzadas al estilo indio, y el dorso de las manos apoyadas sobre las rodillas.

Ahora, es hora de que te prepares para tu sesión de meditación respirando profundamente por la nariz, llenando tus pulmones por completo y manteniéndolos presionados durante 10 segundos antes de exhalar por la boca. Repita esto 15-20 veces, enfocándose en nada más que su respiración.

Cada vez que inhalas, siente el aire llenando tus pulmones e imagina que estás inhalando luz blanca. Cuando exhales, siente tu pecho, relájate y visualízate exhalando todas las tensiones y problemas del día como humo oscuro. Mientras exhala, observe cómo el humo se desvanece en la distancia y desaparece por completo.

Este ejercicio de respiración ayudará a preparar tanto tu mente como tu cuerpo para la sesión de meditación que se avecina.

A medida que comienza su sesión de meditación, debe registrarse con usted mismo. ¿Cómo te sientes? No solo físicamente, sino también mentalmente. Recuerda, no puedes apresurar la meditación y no puedes apresurar la relajación. Cuando comienzas, es perfectamente normal que tengas un montón de pensamientos corriendo por tu mente. Por el momento, permite que tu mente haga lo que hace naturalmente; Permite que los pensamientos vayan y vengan, simplemente reconociendo que están ahí, pero sin centrarse en ningún pensamiento en particular. La tentación de concentrarse en cualquiera de estos pensamientos puede ser muy fuerte. Sin embargo, es muy importante que resistas estas tentaciones. Habrá pensamientos que llegarán a tu mente que pueden ser difíciles para ti, pensamientos de errores que has cometido, cosas que te han sucedido en el pasado y así sucesivamente. Es importante que no permitas que esto te desanime, sino que simplemente permites que pasen por tu mente.

Lo siguiente que quiero que hagas es ser

más consciente de tu entorno. Concéntrese en los sonidos, la sensación de la almohada debajo de usted, el parpadeo de la llama o el olor de los aceites esenciales en el aire. Independientemente de lo que elija para enfocarse, debe concentrarse solo en esa cosa durante 30 segundos, sin permitir que ningún pensamiento u otras distracciones desvíen su atención de ese elemento de su área de meditación. Una vez que hayan transcurrido los 30 segundos, vuelva a prestar atención a su cuerpo, a su respiración y respire profundamente 10 veces como lo hizo al comienzo de la sesión. Ahora, es hora de que te concentres en tu cuerpo. ¿Cómo se siente tu cuerpo? ¿Se siente pesado, quieto, relajado o quizás inquieto? Comience en la parte superior de su cabeza y sienta realmente cada parte de su cuerpo hasta la punta de los dedos de los pies, simplemente escanee su cuerpo para estar en sintonía con él. Cada escaneo solo debería tomar unos 30 segundos, y se puede hacer varias veces. Sin embargo, es importante que tome nota de las áreas de su cuerpo que se sienten más relajadas mientras escanea su cuerpo. También debe tomar nota de cualquier área que se sienta incómoda o en la que sienta incomodidad.

En este punto de la sesión, habrá notado la sensación de aumento y disminución de cada respiración que toma, sin embargo, si no lo ha hecho, vuelva a prestar atención a su respiración y sienta realmente cada respiración que toma con todo su cuerpo. No intente cambiar el ritmo de su respiración, sino que permita que su cuerpo respire cuando sea necesario, deje que haga lo suyo. Es importante que entiendas que realmente no hay una manera correcta o incorrecta de respirar mientras estás meditando, siempre que estés concentrado en tu respiración, vas a tomar respiraciones lentas y profundas. Algunas personas intentan concentrarse en sentir las respiraciones profundas en su estómago en lugar de en sus hombros o pecho, sin embargo, si esto no es algo natural para usted, no es necesario. Simplemente respira naturalmente. Mientras pasas los siguientes momentos respirando, será natural que tu mente comience a vagar. Tan pronto como descubras que tu mente ha comenzado a vagar, vuelve a concentrarte en tu respiración. No te enojes contigo mismo si descubres que tu mente ha comenzado a divagar, mientras más practiques la meditación de atención plena, menos a menudo sucederá esto. En su lugar, simplemente recuerde que esto es perfectamente natural y vuelva a concentrarse en su respiración.

Después de aproximadamente 2 a 3 minutos de concentrarse en su respiración, es hora de que recuerde el primer momento que recuerda sobre el día. Si recuerda haber despertado, piense en cómo se sintió cuando se despertó.

Permita que su mente avance rápidamente a lo largo del día, repitiendo los eventos del día en su mente. Estos eventos no tienen que ser detallados. No te estoy pidiendo que revivas todo tu día; simplemente deja que tu mente piense en los eventos.

Solo le tomará alrededor de tres minutos escanear todo el día hasta el momento en que se encuentra actualmente. Puede que piense que esto parece ser una gran cantidad para que quepa solo unos momentos, pero como dije antes, No debe centrarse en ninguno de los detalles, simplemente piense en su día como instantáneas de los eventos que tuvieron lugar. No debe pasar más de tres o cuatro minutos pensando en lo que ocurrió durante ese día.

Mientras tu mente repite los eventos del día, habrá una tentación para que te detengas y te concentres en los eventos específicos que tuvieron lugar. Su trabajo durante este tiempo es resistir esa tentación y no permitirse enfocarse en ningún evento específico, sino simplemente mirar el día como si fuera una película de reproducción rápida que no tenía forma de pausar.

El siguiente tipo de meditación en el que quiero guiarte es la meditación enfocada. Este tipo de meditación se debe realizar en sesiones cortas, generalmente comenzando con sesiones de 5 minutos y trabajando hasta aproximadamente 30 minutos. Para comenzar su meditación enfocada, una vez más, irá a su área de meditación y preparará el área tocando música, encendiendo velas, abriendo una ventana, etc. Siéntese en su almohada al estilo indio, permitiendo que la parte posterior de sus manos descanse sobre sus rodillas. Del mismo modo que comenzaría cualquier otra sesión de meditación, comience por concentrarse en su respiración. Cierra los ojos e inhala profundamente por la nariz, llenando tus pulmones. Mantén la posición durante 10 segundos y exhala por la boca.

Repita esto 10 veces y estará listo para comenzar su sesión de meditación. Para usar la meditación enfocada, necesitarás encontrar un objeto, sonido u olfato para enfocarte. Algunas personas eligen un metrónomo, una imagen agradable o incluso una figurilla. El siguiente paso es relajar todo el cuerpo. Puede hacerlo enfocándose en cada parte de su cuerpo, tensando los músculos y relajándolos. Este proceso solo debería tomar unos minutos, por lo que no se debe poner demasiado tiempo en este paso. Una vez que su cuerpo esté relajado y cómodo, centrará su atención en el objeto que ha elegido. Céntrese en él con todos sus sentidos, el sonido, la vista, el olfato, etc., simplemente asimilando todo lo que el objeto tiene para ofrecer. La idea de la meditación enfocada no es pensar en el objeto, la imagen, el sonido o el olfato, sino experimentarlo, permitiéndote estar completamente presente en el momento.

Podría descubrir que su voz interna comienza a analizar el objeto o que comienza a pensar en las dificultades de su día o los eventos que han tenido lugar en su vida. Cuando esto sucede, es importante que redirecciones sus pensamientos al objeto de forma rápida pero suave. Tranquilizando y calmando tu mente.

Si sientes que tu mente está vagando demasiado o que no eres capaz de enfocarte en el objeto, no debes sentirte como si fueras un fracaso. No puedes tratar de ser un perfeccionista cuando estás meditando. No puedes hacerte sentir como si hubieras hecho algo mal. Felicítese por esforzarse, recuérdese que reconocer que su mente está vagando es un paso enorme, y simplemente devuelva sus pensamientos al objeto en el que ha elegido enfocarse.

Eso es todo lo que hay para la meditación enfocada. Puede parecer muy fácil cuando lo lee, pero la verdad es que obligar a su mente a enfocarse en un objeto durante un período de tiempo, puede ser bastante difícil, ya que puede experimentar el objeto en lugar de simplemente observarlo.

CAPÍTULO 9

PRECAUCIONES Y CONSEJOS DE MEDITACIÓN

Hay algunas precauciones que debe tomar si va a meditar, y quiero comenzar este capítulo hablando sobre ellas. Más adelante, en este capítulo, veremos algunos consejos y trucos que puede utilizar para asegurarse de que está aprovechando al máximo sus sesiones de meditación, y terminaremos el libro hablando sobre qué más se necesita, además de la meditación. . Lo primero de lo que quiero hablarles es una precaución que debe tomar cuando esté utilizando la meditación guiada. Nunca debe escuchar la meditación guiada cuando esté operando cualquier tipo de vehículo o maquinaria. Esto es importante para su seguridad y la seguridad de los demás, ya que puede alcanzar un estado meditativo en el que no estará al tanto de lo que sucede a su alrededor. También debe consultar a un médico antes de participar en cualquier meditación si sufre de epilepsia, tiene antecedentes de adicción o sufre de depresión severa. También es muy importante que no participes en la meditación con demasiada frecuencia porque, si bien puede ayudarte a sentirte mejor hasta cierto punto, también hay un punto en el que comenzarás a sentir que casi estás en un estado de sueño. del tiempo. Esto se debe a que ya ha alcanzado un estado meditativo profundo, pero continúa meditando con demasiada frecuencia para que su cuerpo no pueda volver a la normalidad. Esto sucede a menudo cuando una persona medita tres o más veces al día y suele ser el resultado de obsesionarse o ser adictos a la meditación. Cuando estás meditando, si el sueño ocurre, no debes luchar contra él, sino permitir que tu cuerpo se relaje y descanse.

Finalmente, nunca debes darte una paliza si pierdes una sesión de meditación. Sí, debe intentar meditar en un horario regular si desea recibir la mayor cantidad de beneficios de la práctica, sin embargo, no hay razón para sentirse mal acerca de quién es si no asiste a una sesión.

Quiero terminar este capítulo hablando un poco sobre los consejos que puede usar cuando comience a meditar.

El primer consejo del que quiero hablar es que no tienes que cerrar los ojos mientras estás meditando. Espero que esto ya se haya entendido, ya que hablamos sobre la meditación enfocada y cómo deberías enfocarte, mirando un objeto, pero el hecho es que ninguna de las técnicas de meditación debe realizarse con los ojos cerrados si no te sientes cómodo cerrando los ojos. .

Debes comenzar simple cuando se trata de meditación. Es por esto que muchas personas comienzan con meditaciones guiadas. En lugar de tratar de esforzarse para ser un meditador maestro de inmediato, debe darse tiempo para dominar la habilidad. La meditación, como cualquier otra habilidad en nuestras vidas, requiere tiempo y práctica. No vas a ser perfecto tan pronto como comiences y cometerás errores. No dejes que eso te deprima. En su lugar, elige una meditación guiada simple para ayudarte a comenzar y para mantenerte en el buen camino.

Concéntrese en lo que funciona mejor para usted. El hecho de que una persona se siente en una posición particular mientras están meditando no significa que esto sea lo que mejor funcionará para usted. Debe asegurarse de poder sacar el máximo provecho de su meditación y de que se sienta cómodo al hacerlo. Verá, aunque muchas personas se sentarán y escucharán la meditación enfocada, hay personas que se inquietarán y simplemente no podrán hacerlo. Aquellos que no pueden sentarse y escuchar meditaciones enfocadas a menudo lo incorporan a sus vidas cuando están en piloto automático, como cuando están limpiando su casa o cuando están haciendo ejercicio.

Esto permite que sus cuerpos se muevan, sin que tengan que pensar mucho en lo que están haciendo mientras se benefician de la meditación también.

Mientras aprendes a meditar, debes ser amable contigo mismo. No puedes ser duro, obligándote a mirar un objeto durante 30 minutos mientras gritas en tu cabeza para enfocar el objeto en particular. No quieres causar más estrés en tu vida porque tienes miedo de fallar en la meditación. No hay fallas cuando se trata de meditación. En su lugar, necesitas recordarte que es un proceso. Si 15 minutos es demasiado largo para que medites, entonces reduce el tiempo a 5 minutos. Si una técnica no funciona, pruebe una diferente.

Si se sienta cuando está meditando, siempre debe asegurarse de que está utilizando una postura adecuada. Esto no solo le facilitará la respiración y le ayudará a mantenerse despierto, sino que también garantizará que no se lastime a sí mismo mientras está sentado. Debes asegurarte de que la posición en la que te sientas sea cómoda para ti, pero también quieres asegurarte de que te sientas de una manera que no cause presión en otras partes de tu cuerpo ni las dañe.

Sonríe mientras estás meditando o al menos intenta. La meditación no debe considerarse como una tarea más que debes hacer. Si ese es el caso, realmente deberías echar un vistazo a por qué estás meditando. Sin embargo, las meditaciones deben ser algo agradable y su objetivo es ayudar a reducir el estrés. Tenemos mucha tensión en nuestras caras, y esto se puede liberar simplemente sonriendo. No solo eso, sino que la sonrisa te hacen sentir mejor en general.

Es importante que configure un temporizador mientras está meditando o al menos sepa a qué hora comenzó su sesión. Si no hace un seguimiento del tiempo que pasa meditando de alguna manera, no tendrá idea de cuánto tiempo ha pasado. Otros pueden recomendar que no programes un cronómetro, sino que simplemente medites por el tiempo que te resulte cómodo, pero no quieres causar más estrés en tu vida al llegar tarde a una cita porque te perdiste en tu meditación. . Por supuesto, si meditas antes de acostarte, no hay razón para que programes un cronómetro.

No te obligues a sentarte más tiempo del que te sientas cómodo. Si tus piernas comienzan a sentirse adormecidas o te duelen las caderas y la espalda, no podrás concentrarte en la meditación, no importa cuánto te esfuerces. En su lugar, se centrará en el dolor que está experimentando. Mientras medites todos los días, no tienes que preocuparte si solo puedes sentarte durante 10 o 15 minutos, porque cuanto más medites, más tiempo podrás sentarte.

CAPÍTULO 10

MÁS QUE LA MEDITACIÓN

Hoy en día existe tanta confusión sobre la meditación que muchas personas han llamado a la meditación una solución rápida. Se han escrito muchos artículos que hablan sobre cómo la meditación no es buena para una persona porque la persona no se libra del estrés en sus vidas, sino que utilizan la meditación para evitar lidiar con el estrés.

Parece que aquellos que nunca han practicado la meditación la ven como una droga, una píldora mágica que se supone que soluciona todo en tu vida, sin embargo, eso simplemente no es verdad.

No va a poder sentarse, respirar profundamente y desaparecer todas sus preocupaciones y problemas. De eso no se trata la meditación. La verdad es que puede pasar un tiempo antes de que empieces a notar una diferencia en tu vida y esa es una de las razones por las que muchas personas dejan de meditar.

Una vez que te adentres en la meditación y realmente comiences a practicarla regularmente, lo que vas a encontrar es que estás más consciente de tus sentimientos, pensamientos e impulsos, sin importar cuán oscuros sean. A veces, esto puede ser aterrador, mientras que otras veces puede ser bastante placentero. Meditar no se trata de deshacerse de los factores estresantes en su vida, sino de aprender a lidiar con el estrés y entender exactamente quién es usted como persona. También descubrirás que algunos de tus pensamientos más perspicaces no aparecerán mientras meditas, sino mientras te concentras en otras áreas de tu vida. La meditación simplemente te permite despejar tu mente para que puedas tener estas ideas.

Llamé a este capítulo más que a la meditación porque si realmente quieres ver cambios en tu vida, tendrás que hacer más que solo meditación. Como ya dije, la meditación no es la droga que se arregla todo. Sin embargo, lo ayudará a determinar qué cambios necesita hacer y le ayudará a decidir cómo puede hacer estos cambios.

La meditación es simplemente el primer paso para cambiar tu vida. Encontrará que cuando comience a meditar, estará más consciente de las cosas que deben cambiarse en su vida, ya sea en cuanto a la separación, la organización, la motivación, la productividad o cualquier otro desafío.

La meditación ayudará a que su mente esté clara, lo que le permitirá reflexionar sobre los problemas con los que debe lidiar. No es una forma de escapar de sus factores estresantes, sino de aprender cómo tratarlos adecuadamente y deshacerse de ellos de su vida.

Ahora, tal vez eso te haya hecho perder toda esperanza en la meditación, o tal vez te haya ayudado a darte cuenta de que aquellos que no lo entienden no pueden juzgarlo. El hecho es que no existe una solución rápida, una píldora única para todos, una píldora para vivir la vida perfecta, y aunque algunos pensaron que la meditación es una píldora mágica, no lo es.

Lo que sí quiero que entiendas es que la meditación es como el ejercicio para la mente y el alma. Ayuda a la mente y al alma a ser fuerte y saludable, lo que te permitirá manejar lo que se te presente.

Cuando entiendas eso, cuando realmente comprendas qué es la meditación, solo entonces podrás entender cómo puedes beneficiarte de ella y cómo afectará tu vida.

www.ingramcontent.com/pod-product-compliance
Lightning Source LLC
Chambersburg PA
CBHW072001070526
44583CB00015B/1277